寿命が尽きるか、金が尽きるか、
それが問題だ

錢先花光還是命先沒了？

長照 4 個 90 歲老人的我，
將如何面對老後生活？

こかじ　さら
小梶 沙羅
陳嫺若 譯

日本讀者熱情推薦

＊我幾乎完全體驗過書中的內容，對作者的感覺完全能共鳴。是一本誠實寫出照護者立場與心情的好書。（kanno）

＊拜託，說得真的太對了。我一邊在心裡吶喊著一邊把它看完。很好讀，一口氣就能讀完。讀的過程中，父親幾次因為同一件事打電話來，不禁懷疑是不是老年痴呆，也開始擔心未來。但是這本書鼓勵我，我不是一個人！（yuu）

＊很有共鳴，雖然很沉重，但筆調幽默有趣。我現在55歲，父母82歲，平常也會發生讓人驚訝的事件，每次都會令我十分擔心。讀了這本書了解到「這些狀況稀鬆平

常」、「不是只有我家發生」，因而能有更多的耐心與勇氣去面對。（yurikago1123）

＊因為這樣的遭遇幾乎每個人都可能遇到，也許是成為照顧者，也可能是被照顧者，就算政府做了協助，但有些問題真的沒有解決方法，只能順其自然。但是得知別的家庭也發生同樣的事，就能從第三者角度觀看自己家發生的事，先打了預防針。謝謝這本書。(Pony)

＊這本書讓我讀到照顧老人的現實。它不是外人所以為的，只有把屎把尿的辛勞，還有很多必須經歷過的人才懂的苦。就如書中所說的，需要有人支持，一個人真的扛不下來，這就是為什麼我們需要護理服務的原因。（Oren）

＊這本書也讓我想到自己老後的生活，終究會一個人，但要如何過得好又無慮呢？這本書給予我們很多省思，不只需付出的金錢、勞心勞力，還有老年的自己，很感謝作者願意這麼坦白寫出這本書。（hana）

目錄

序章 009

第1章 老爸媽的「辭典」裡沒有「講理」這個詞

照護工作終於落到我頭上！ 017
千葉縣大停電！現在還看什麼相撲大賽！ 023
高齡老人是弱者嗎？ 027
新冠肺炎也沒放在心上 031
老爸媽不時化為惡犬 035
年底的大吵架搞得老爸壓迫性骨折 044
長照評估面試之老人的通病 049

大夫，幫幫忙！ 059
屁股攻防戰 063
區區便祕掛急診 069
事事都想全權掌控也可以，但…… 082
冰箱永遠擺滿腐爛的食材 091
在「丟了可惜」的正當理由下 095
沒有比倔強老人更難搞的人物 099
我受夠了！ 101
與好色老頭相比，也許還比較好 108
地獄的場景也有貧富之別？ 113

第2章 極度與世隔絕的姨父母事件簿

被檢舉才知道無照駕駛半年 121

填寫二十四份文件的窘境 130
當事人自己渾然不覺困擾 138
戶長一直是過世的爺爺 147
疫苗接種又是個苦差事 157
五斗櫃搜出大量百圓鈔 164
不會連內衣褲都要我幫忙買吧？ 170
姨媽骨折住院，這下子誰來照顧姨丈？ 175
打開冰箱全身僵硬 184
醫院的諮商員探訪垃圾屋 192
為什麼只能領出二十萬圓 196
我不是你專屬的佣人 199
與姨媽購物是種苦行 204
這點小事自己想啦 208

第3章 照護老爸媽的世間麻煩物語

三天一次陪著上醫院 217
不會說刺耳話的人就是好人 221
再繼續下去，居服員將消失 229
繳回駕照的大風波 234
老爸終於得穿紙尿褲 239
老媽的失控永無休止 246
照護老人筋疲力盡…… 252
做過照護的人喪禮上哭不出來 257
我們將如何終老？ 263

尾聲 269

序章

「幼稚園入學考落榜了，這個國家去死好了！」

之前有個母親因為孩子讀不到幼稚園，在部落格寫出了她的憤怒，引起很多處境相同的家長共鳴。

那不過是幾年前的事，但如今，步入了超高齡化的社會，恐怕會有更多人忍不住怒吼：「安養院送不進去，到底要我們找誰來照顧他們啦！」

現在安養中心人滿為患，就算想為年老的父母申請，也沒有空位；即使有空位，也因為籌不出入住費，只能忍痛放棄；而口袋很深的人，也一樣難以找到願意收容的地方，因為長期以來，照護人員短缺的問題始終存在。

再加上老人家總會斬釘截鐵地說：「絕對不進養老院！」所以在某種意義上，老人的照護問題很可能比「幼稚園落榜」更加嚴重。

帶孩子有上幼稚園、上小學等階段之分，孩子隨著年齡增長也會變得更為懂事，不久之後就漸漸自立。守護孩子的父母可以笑咪咪地享受孩子成長的喜悅。然而，高齡者的照護卻正好相反。不但看不到盡頭，而且失能的狀態也與日俱增。

近年來，照護生活長達十年、二十年的現象已經不稀奇，甚至陷入照護破產的人更是有增無減。對於有高齡父母的家庭來說，由誰來照顧老人，已經是個刻不容緩的麻煩問題。

其實，在我搬回千葉縣的老家定居之後，也遭到九十二歲老爸與九十歲老媽，以及膝下無子的八十九歲姨丈姨媽的作弄，天天過著手忙腳亂的日子，簡直想要大叫：

「這種狀況再繼續下去，我會比他們先掛掉！」

總之，這四個高齡老人讓我頭疼不已，他們隨著衰老而造成諸多問題，攤開來看還真是各有千秋。就算我在職場打滾了這麼多年，人際關係或生活的種種問題向來難不倒我，但一面對這四個不講理的老人就完全行不通，而且還相當麻煩呢！

讓我大略介紹一下四位老人的性格和老化的狀態。

首先是編號一號，我老爸繁夫（化名），長照等級一，神經質且沒耐性，一旦想到什麼事，在它解決之前，不論旁人使盡渾身解數、費盡口舌，他都聽不進去。他的視力檢查沒過關，八十四歲時繳回駕照，所以除了定期就診之外，完全閉門不出，唯一的嗜好是喝酒，過著爛醉如泥的生活。

編號二號的老人，是我老媽光代（化名），也是長照等級一。愛出門，講究排場，鋪張浪費。每天都把心思花在購物上，蠻橫霸道堪稱國寶級，雖然腿力、聽力、記憶力和理解力都衰退不少，但自我表現慾依然強得可怕。我只要開口說話，她會立刻惡狠狠地瞪大眼睛，火力全開地一一駁斥，彷彿全是我的錯。

三號老人是我姨丈貞吉（化名），從需要支援等級一晉升為長照等級一。性格溫和老實，直到被發現用失效的駕照駕車半年以上，才知道已罹患阿茲海默型失智症。因為這個事件，戶口名簿、保險、稅金等各種問題才浮上檯面。又因為陸續出現失禁、妄想等，家中的生活也陷入困難。

四號老人是與姨丈共同生活的姨媽久子（化名），需要支援等級二。標準的長舌婦又愛出門，但是對於生活上必要的手續或理解，全部不經手、不願面對，生疏得令人驚訝。連金融卡和信用卡也都以不會用為理由，沒有申請。有關生活各種事物，管理能力低下。所住的房子是昭和時代興建的木造二層透天厝，也幾乎快變成人們眼中的垃圾屋了。

我就是與這樣的四強高手展開鬥智鬥勇的日子……但是，在實際與二老同住之前，我還天真地以為，長照的辛苦大概就是屎尿護理和洗澡協助吧。

可是現實卻……輕易地顛覆了我的預想。

老爸媽和姨丈因為判斷力、理解力低落，又不擅控制情緒，無法正常溝通，所以我經常會為了一點芝麻小事而惱火，長期累積下來，也越來越神經衰弱。

每天都有一堆意想不到的事件爆發，不是我誇張，每天我都苦著臉想：

「不如讓我死了算了！」

相信全國各地像我這樣被性格多變的長輩折磨、每天過著修行生活的人，應該不在少數吧。

如果一直過著這種日子，還想頤養天年，根本是不可能的事。

當我把自己未來的身影套在平均年齡九十歲的老爸媽和姨丈姨媽身上，一個伴隨著恐懼的具體問題，一直在腦中揮之不去：

「我們會如何終老呢？」

一九二五年出生的老爸成天在客廳裡打瞌睡，有時聽見他喃喃自語地說：

「我已經活膩了。再說，活著也沒意思了。」不禁覺得「無病無痛、死得快活」那種享盡天壽的去世方式，只是不切實際的夢想。直至此時我才明白，這世界沒有順心如意這種便宜的事。

第1章

老爸媽的「辭典」裡沒有「講理」這個詞

照護工作終於落到我頭上！

「最近老爸老媽總為了些芝麻綠豆的小事吵架，然後就打電話來找我，真是煩死了！」

「老媽稍一有事看不順眼，就離家出走，跳上計程車在外晃蕩個一小時。每次都要我去接她。你也替我想想嘛，我又不是成天沒事幹。」

應該是老爸媽剛過八十大壽前後吧，當時我還在東京某公司上班，住在離老家五分鐘車程、從事自營業的大哥，時不時就帶著煩躁的語氣打電話給我。

那個時候，老爸媽可能都已經顯露出失智症的初期症狀，但因為父親的性格本來就急躁又神經質，而好勝的母親又要求任何事都必須照她的規矩來，否則就沒完沒了。所以夫妻間無聊的口角，可說是家常便飯。

「別理他們不就行了。」

我猶如隔岸觀火，沒把事情想得太認真。

但是大約五年前，家裡發生了一件事，讓我再也無法說那種風涼話，不得不面對現實。

「老媽被救護車送走了！」

我正在捷運上準備去開會，卻接到大哥的電話。

「她怎麼了？」

「她說肚子痛得在地上打滾。」

那一瞬間，我最先想到的不是「她身體還好吧」，而是「年紀那麼大，肯定是吃太多了啦」。

但這時候也不好再放著不管，於是開完會，我立刻趕到東京車站搭上返鄉的高速巴士。

果不其然，老媽吃下的量來不及消化，胃腸陷入緊急狀態。雖然不是什麼嚴重的大病，但考慮到年齡問題，醫生還是讓她住院。

同一時間，獨自待在家裡的老爸，明明是個既不購物、不下廚，也不洗衣服，平日從不做家務的人，卻還任性地挑三撿四：「這個不愛吃」、「那個太甜不合口味」，讓我嫂子傷透腦筋。

住在醫院的老媽也不遑多讓，儘管人已經打著點滴，插著導尿管，但一見到我便語出驚人地說：「你來幹嘛？來了也派不上用場。」當場讓我很錯愕。

可是就算再怎麼霸道，你現在面對的是自己的女兒，而且是專程趕到醫院來探望你的人，怎麼連說話的分寸都不懂？……這時候，我突然有個不祥的預感，今後與母親的關係恐怕不太妙，不禁覺得背脊發涼。

而且，這還沒完呢。

「該繳卡拉ＯＫ教室的月費了，去把我平時用的那個皮包拿來！」

要不就說：

「身體癢死了，快去給我買個止癢藥！」

那種居高臨下的命令態度，如果不是在病房，我真想吼回去：

「您是太后還是女王啊？」

嗄……這位女士是怎麼回事。就算是病人，她的態度也太傲慢了吧，我一時驚得說不出話來，愣在那裡。最後只能努力讓自己冷靜下來，再試著說服她：

「你何時能出院還不知道，卡拉ＯＫ的月費等出院後再繳也不遲吧。」

「這裡是綜合醫院，如果哪裡癢的話，問問護士，請她們開藥膏給你塗嘛。」

但是她完全聽不進去，甚至還說：

「有空說那些有的沒的，不如快點去買！」

我氣得直冒青筋。接到大哥的電話，急匆匆地趕車回來，得到的卻是這種待遇？一股無名火從肚子裡湧上來。

在這之前，我一直以為口角不斷的原因，出在老爸的沒耐性。但是，親眼看到老媽視線閃爍、一臉倔強的表情，和故意惹惱別人的言行，才改變了想法：像她這種態度，就算不是面對老爸也會吵起來吧。

而且，這會不會是失智症的初期症狀？我深深嘆了一口氣。

趁著老媽住院，我想最好開始整理她長年管理的廚房，但是腐敗的食材、大量的保鮮容器和塑膠袋等等用品，怎麼清也清不完。

而且所有東西都沒有歸類，任意亂塞，讓人不知道該從哪裡著手……實在教人手足無措。

平時聽她牛皮吹得響亮，但是現實上完全不是那麼回事啊！

也許是衰老導致的結果，也可能她的性格本來就是雜亂無章，無論如何，我從一上大學便離家生活，至今也快四十年了。即使偶爾回家探望，也不可能連她掌管的廚房流理台櫃或碗櫃最下層都打開來檢查。千算萬算也沒想到會陷入如此悲慘的狀態——老實說，根本難以想像！

「我去睡啦。」

深夜裡，老爸回到二樓臥室就寢，只剩我還在獨自和壓箱底的雜物奮鬥。

光是超過保鮮期限的食材、過期多年的調味料，一轉眼就塞滿四十五公升的垃圾袋。髒汙黏結的塑膠袋、塑膠容器更超過前者的三倍。僅僅是把塞在洗臉台櫥櫃裡的大量毛巾全部搬出來摺好，我就快累昏了。

哎呀——到底該怎麼辦？

「那位太太就算臥床不起，嘴上也是不饒人吧。」

這一瞬間，我不再冷眼旁觀，終於開始把照護工作當成自己的事。

接著，我辭去工作二十五年的公司，決定靠自由接案編輯寫手謀生，我設想只在開會或採訪時上東京，其他靠著遠距工作也許應付得過去（話雖如此，心裡還是不太確定，覺得仍未做足心理準備）……就這樣，我搬回了從東京走跨海高速公路一小時半的故鄉。

但是，等待我的卻是超出預期的殘酷現實。

不懂拿捏分寸、不為別人著想，而且又不講道理的老爸老媽，破壞能力實在驚人，而且後來連姨媽姨丈都來參一腳，我一個人就算有八隻手八隻腳都不夠用。不僅如此，每天都幾乎處在瀕臨爆炸的狀態。

但總是會聽到：

「要珍惜老人家！」

「要多多體諒老人！」

如果你真的相信這種漂亮的話，就是把照護者往火坑裡推了。

接下來，就請看看我如何隻身一人面對身體越衰老卻越任性的老爸、說話刻薄的老媽，與離群索居的姨媽和姨丈……

千葉縣大停電！現在還看什麼相撲大賽！

二〇一九年，與老爸老媽共同生活的半年後，九月九日清晨五點左右，颱風從房總半島附近登陸，造成千葉縣等地大範圍停電的緊急狀態。

我家所在的千葉縣偏遠小鎮，也發生信號燈不亮的情況，大型超市、超商、家居購物中心不得不停業，綜合醫院和市公所也無法恢復運作，災情相當嚴重，一時間整個都市幾乎要癱瘓了。

不過也許是運氣好，我家所在的區域在颱風通過後立刻來電，平安無事。住宅沒有受損，可以照常生活。話雖如此，現實卻沒那麼簡單。

老爸用踢飛颱風的氣勢，開始鬧脾氣。

「NHK怎麼不見了！我要看相撲啦！」

這時候看不到電視，很可能是出在天線被強風吹歪了。

就算是平常日子，這種事聽了都嫌麻煩，更何況現在是災後非常時期，如果聽由老爸這樣鬧下去，最後我很可能會被使喚去修天線，自然不能由著他任性。

「你在說什麼空話啊？現在是生死交關的非常時期，誰有空聽你扯什麼相撲？」

我用比平常更凶的口氣頂回去，但已開啟激動頻率的老爸，一再跳針地說：

「快去打電話給電器行！」

我告訴他：「剛才不是跟你說好幾次了嗎？千葉縣現在還在大停電，紅綠燈都不亮，連加油站也沒開。市公所和醫院都在全力修復。有些家庭屋頂飛走、牆壁破損，我們能開著冷氣看電視已經謝天謝地了，如果還不知足會遭天譴哦。」

「哦，是嗎？那可真嚴重啊……那，打電話給電器行了沒？」

結果又回到原點。

「大哥家被飛來的波浪板打中屋頂，屋瓦掉了好多片，我得幫忙去活動中心領塑膠布，還要把屋裡的東西搬離漏水的地方。你別那麼任性，好好待著不行嗎？」

「哦？真的？屋瓦掉下來了？」

從早上到現在，不是說了好幾遍嗎！

我感覺腦血管就快爆開。

「反正，我先去一趟再說。」

不知道加油站何時才會開放，所以不能隨便浪費汽油。這種時候只能騎腳踏車。好，準備出發！正當我把腳放在踏板上時——

「你要出門，就順便買優格回來。今天早上剛吃完，明天沒得吃了。」

是老媽！她從客廳探出頭來發號施令。

「我都說幾遍了！千葉縣整個大停電。超市和超商都沒開。」

我奮力踩著踏板，想把這股氣惱發散掉。

兩小時後，大哥家裡的工作告一段落，大汗淋漓地回到家。在客廳裡吹著冷氣看電視的老爸突然「喂！」大叫一聲。

「什麼事？」

「你打電話給電器行了沒？不快點來修，相撲就要開始了。」

「不是說了嗎！電器行現在沒空幫你修電視。千葉縣到處都在停電，大家都在忙著修復電力欸。」

本以為我加重了口氣會讓他退怯，結果——沒這回事！

「那我自己打。」

他開始打電話給附近往來的電器行。

但現在狀況特殊，他怎麼打就是打不通。

「奇怪，打不通欸……」他納悶了一下，忽然命令我：

「電話打不通，那你騎腳踏車去，把電器行老闆給我帶來！」

怎麼會有這麼不通情理、自我中心的人啊……我尋思著，又想如果這次順了他的意，以後肯定會得寸進尺。

若是他以為什麼事都能順心如意，那可就大錯特錯了。

於是我拉開嗓門，用足以讓重聽老爸跳起來的聲量說道：

「我不是你的下人！如果那麼想看，你自己去電器行找老闆！」

高齡老人是弱者嗎？

「不知道超市什麼時候開門，所以冰箱裡的東西要省著吃哦。」

儘管我這麼提醒，但下午四點半，老媽又是一副「現在不吃，什麼時候才吃」的態度，開始張羅起晚餐。

然後，過了五點，餐桌上除了昨天剩下的燙青菜外，擺滿了生薑炒豬肉、涼拌豆腐、醋漬海帶芽。而且，每一道菜的分量都很多。再說，我與老爸媽的用餐時間和食物好惡完全不同，所以我要吃的飯菜都自己做，並不會吃老媽做的菜。

冰箱裡的食材如果用完了，她打算怎麼辦呢……

我側眼看著老媽三層的鮪魚肚，心裡尋思著。

老媽身高約一百五十公分，目測體重六十公斤，即使年過九十，現在除了每天早午晚三餐外，早上十點和下午三點的點心時間都會吃包餡麵包或糰子串，洗完澡後更少不了冰涼的碳酸飲料和冰淇淋。

上次回診的時候，醫生再三叮囑：

「您這把年紀了，少吃冰涼東西，食量也要控制。」儘管如此，她只乖乖遵循了三天，然後好了傷疤就忘了痛……一如既往的，照樣過著少不了點心和冰淇淋的生活。

這一天，他們也沒把千葉縣陷入緊急狀態的事放在眼裡。

「老公，吃飯嘍。」

「我還不餓。」

「你怎麼又說這種話，如果吃飯時間不固定，我就得跟在你後面收拾個沒完！」

「一天到晚收拾、收拾的，你這老太婆真囉嗦。」

五點半一到，樓下照舊又傳來兩老的鬥嘴。

此時如果不介入，他們倆就會鬥個沒完沒了。

我關上房間的門，悄悄地放大收音機的音量。

第二天，從社群網路得知，市區某大型商場的一家店面終於重新開業，但是停車場客滿。等待入場的車子綿延了好幾百公尺，一直排到濱海公路。據說結帳就要等兩個鐘頭，最好有心理準備。

我猶豫著要不要去，最後決定騎腳踏車去衝一波。

結果，我買了加熱就能食用的漢堡和關東煮、冷藏炒麵和烏龍麵、香蕉和小餐包五個裝兩袋、只剩一種口味的優格和牛奶後回到家，總共花了兩小時四十五分鐘。但是一想到在超市外的車陣，以及仍在停電中的家庭，我已經覺得非常感恩了。

這些食物至少可以撐四、五天吧。

把買回來的食品放進冰箱後，老爸緊迫盯人地過來說：

「有閒工夫出門蹓躂，就快點打電話到電器行！」

說我蹓躂？實在無法假裝沒聽見。

「我要說幾遍你才聽得懂？我們家運氣好沒有停電，但是整個千葉縣都還在停電啊。光是找到食物都得大費周章，你別在那邊鬧了好不好！」

與不講理的老爸再糾纏下去也是浪費時間，我把該說的話說完後，就逕自跑上二樓，不再理會老爸不分青紅皂白的咆哮：

「你沒聽到嗎！我叫你快點打電話給電器行，快點叫他們來修理，要不然我就看不到相撲大賽啦！」

整個千葉縣似乎還處在非常狀態，但是只顧自己的人不只是老爸。

第二天早上，才走下樓，就看到老媽大口嚼著餐包，做出裁示：

「這種優格不好吃。」

蛤？現在這種時候，說那什麼話啊?!

這位太太完全不知道，我到底花了多大的力氣，才買到這些優格。
「是哦？不好吃啊。那就不要勉強，別吃了。」
酸了她幾句，終於抒解我心頭的怨氣。
每次聽到電視談話節目主持人用慎重的口氣說：
「緊急時期，請特別注意周圍的人，尤其別忘了老人家等弱者。」
一股無法認同的情緒就會從心底湧現：「我家的老爸老媽，真的是弱者嗎？」

新冠肺炎也沒放在心上

前所未見的傳染病襲捲全世界時，政府發布緊急宣導和防止蔓延等重點措施，但我家兩老都沒放心上，老媽的購物慾和外出慾反而大爆發。
整天黏在電視前，從早到晚看著電視節目的話，應該就知道這個非常時期要減少非必要的外出，尤其高齡者容易感染，重症案例頻傳的訊息……但我老媽，並不認為這些事與自己有關。

一沒留神，她就出門買東西或唱卡拉ＯＫ。

「畢業典禮和開學典禮，甚至運動會和遠足都已經暫停舉行了。」我這麼跟她說，意思是孩子們連重要活動都不能參加，老年人還去唱卡拉ＯＫ，簡直不可思議。

如果我不耐煩地再次提醒，她立刻就會垮下臉，凶巴巴地說：「我的事不用你插嘴！」

「卡拉ＯＫ在封閉的房間裡唱歌，飛沫到處飛，感染風險很高啊。事實上，每天新聞都在報導，很多去卡拉ＯＫ或餐廳的老人家發生了群聚感染。」

我盡可能保持冷靜，簡單明白地說給她聽。

「這些事不用你說我也知道。我又不是笨蛋！」

老媽用更激烈的口氣應戰。

「大家都說我唱得好」、「我記歌詞特別快，大家都很佩服。」平常就自我吹噓到令人咂舌的老媽，只有在卡拉ＯＫ的場合才有機會表現自我，因此不論如何都要死守不退。但是新冠肺炎已經是肆虐全世界的緊急狀態，我總不能說「好吧，隨你便」。

「既然如此，幹嘛還要去？如果你已經知道它的嚴重性，就應該少去那裡。」

我儘管不想，還是使出了殺手鐧，沒想到老媽更加固執地回嘴：

「我做什麼事，你這個做女兒的沒資格多嘴！」

她自己可能沒有意識到吧。隨口說出「做女兒的」就表示她認為身為女兒的我是她的附屬品，當然要事事順服。

「除了你女兒，還有誰會提醒你！外人表面上不說，只會在心裡想『新冠疫情那麼嚴重，那個老太婆還來唱卡拉ＯＫ』。說實在的，這種事不用別人提醒，自己都該判斷得出必須減少外出。可是你還是屢勸不聽，所以我才會多嘴呀。為什麼你就是聽不明白？」

我懷疑這世上有誰能夠冷靜地一直這樣勸下去？至少我不行。終於我也抬高了聲量。

本來以為話都說得這麼重了，就算是像老媽這麼強硬的人也會投降吧——錯了，還早著咧。

「我可要把話說清楚！我去的不是卡拉ＯＫ，是音樂教室！」

老媽睜大眼睛，開始扯歪理。

如果有凶悍比賽——哦，不不不，如果有不講理達人大賽的話，老媽一定可以拿到總冠軍。

最後，幸好卡拉ＯＫ教室主動停業，這件事才暫且了結。但是，為什麼我必須為這麼沒必要發生的拌嘴生氣呢？這一點經常令我忿忿不平。

我想著，這看不見終點的老人長照……當平日的瑣碎小事再三累積到達極限時，我該怎麼辦……

每次看到新聞裡因為長照疲乏導致的事件，心底就會泛起感同身受的漣漪。

老爸媽不時化為惡犬

「我在問的是，書何時能到啊！」

書店收銀台前，一名老先生拉大了嗓門說。

「訂購的手續當場就能完成。但是以今天來說，無法告訴您何時會到貨，所以，一旦貨到時會立刻通知您。」

「你怎麼聽不懂啦。我要問的就是何時會到貨啊！」

「我想應該是一星期左右，不過有時候視狀況會有延遲……」

「哎呀，跟你說不通啦。去叫你們店長來。店長！」

啊，這裡也有個不分時地，不在乎他人，任意大聲咆哮的老年人。

說得通俗點，就是所謂的暴怒老人。

「所以我才說，等到貨時會通知您。」

「我不是問你這個！」

年紀一大，性子就變得急躁。不管別人方不方便，反正我要怎樣就怎樣。「稍等一下」或「等會兒有空的話」這種台詞，對他們都不管用。只要不能遂了他們的心意，馬上就暴跳如雷。

我家兩老也是一樣，一旦分貝升級到發飆模式，就沒辦法對付了。我對這店員心有戚戚焉，於是躲在一邊，遠距離觀察事情的過程，並且在心底對苦無對策的店員默默地說：

「辛苦了。遇上這種奧客，真是傷腦筋啊。」

在餐桌上，老媽高聲叫道：

「吃飯這麼慢吞吞的，是要我收拾到幾點哪！」

老爸九十二歲，食量一天比一天小，每次都得費一番力氣才能吃完一頓飯。就算是催他也沒有用，然而老媽是個堅持凡事都必須按自己行程走的人，每次吃飯就要反覆同樣的台詞。

老爸當然也不會默默忍氣吞聲。

「一天到晚就只會收拾、收拾的，你怎麼這麼囉嗦！」

「你根本是故意吃得慢，讓我不好做事吧。」

「我哪裡是故意！我頭昏，只能一口一口慢慢吃啦。」

這種拌嘴也是司空見慣。

很多事我都不想理會，但是這兩個老人一激動起來，轉眼間就會化為惡犬，而且會發展成連毒蛇和貓鼬都嚇得逃竄的大爭吵。

啊，又開始了！

拜託你們，節制一點好不好！

不過，我還是壓下大聲斥喝的衝動，像在面對兩個吵架的三歲小孩。

「不要那麼大聲說話，爸吃完了我來收拾。媽，你去對面房間看電視。醫院的醫生也說了，你年紀這麼大，想吃東西的時候，稍微吃一點就好。」

只是，她可能認為，交給女兒負責相當於威脅自我存在的價值，因此猛力一轉，便把砲口對向我：

「你爸的身體只有我才能照顧得了！」

這兩人從早到晚大眼瞪小眼，雙方在情緒控制上都有困難，所以永遠在芝麻小事上吵得水火不容。

每次，我都希望他們為我這個不得已介入調解的人想想，但是他們已經進入腦中只有自我的階段，完全不覺得這樣是在給別人添麻煩。

我家的老父母儘管失能的狀況與日俱增，但冷嘲熱諷的功力倒是非同凡響。與他們相處的日子裡，我每天都忍不住疑惑，說不定牙牙學語的兩三歲幼兒還比他們懂事呢。

「喂，把芥末拿過來。」

老爸出聲說，但老媽臉上紋絲不動，繼續嚼著她最喜歡的燻雞肉。

「我叫你把芥末拿過來。」

「……」

完全沒有反應。

老媽的重聽可能嚴重到連老爸在一旁說話的聲音都聽不見了吧。

「她又故意沒聽見。」

老爸一如往常又開始惱火了。

「媽不是故意啦，她是聽不到。」

我不得已只好介入。

「她聽不到？」

「很可能。」

「……啊，什麼？」

僅僅幾秒鐘，本來沒反應的老媽突然表情一變。

「你看，她沒聽見嘛。爸，你別那麼急啦。」

「你說什麼……？我有聽到啊。」

聽到「你說什麼」的時候，本來已經確定她沒聽見，但是不想認輸的老媽，必定會堅持自己「有聽到」。

「有聽到的話，怎麼不回答！」

老爸拉開嗓門吼道。

「有時間抱怨的話，不如快點把飯吃完。」

老媽使出的聲量簡直跟老爸不相上下，所以麻煩越滾越大。

「別吵了！你們兩個都別那麼大聲啦。」

與老人一同生活，這種狀態可以說從早到晚層出不窮。從第三者的眼光來看，一定覺得很無聊、全是些雞毛蒜皮的事吧。但是一旦每天都發生，就會像是一記重拳，令人倒地不起。

「天氣這麼冷，幹嘛把暖氣關掉！」

「可是很熱呀。」

「哪有熱？冷死了！」

準備晚餐的飯菜時，就聽得到客廳裡的爭執聲。

肌肉減少、體重只剩下三十多公斤的老爸怕冷，而食慾旺盛，小腹垂著三層肉的老媽怕熱，因此空調主導權的攻防戰，無止境地每天上演。

「你什麼事都不做，一天到晚動也不動，當然覺得冷啊。我呢，又要打掃，又要除草，一整天都在勞動，所以熱得受不了啊！」

「說什麼鬼話！你才從早到晚睡得嘴開開咧。」

姑且不論老媽有沒有整天勞動，重點是兩個人又要展開無意義的鬥嘴了。

「如果老是一見面就吵架，不如你們當中誰去日照中心好嗎？醫院的醫生和專業照護員都這麼建議。」

這天，我又在重複同樣的台詞。

於是，剛才還處於敵對關係的兩個人，突然砲口一致：

「那種地方老人才去！」

「辛辛苦苦把你拉拔大，現在長大了就把我們當垃圾一腳踢開。」

兩人就這樣一起圍攻我。

「據說申請日照服務的人，平均年齡是八十二歲。你們兩個，一個九十二，一個九十，不只是老人，已經是超級老人了。與其整天開著電視又嫌『最近電視真難看』，要不就是老夫老妻吵架，還不如在日照中心跟同年代的人聊聊舊事，這樣不是更愉快嗎？隔壁村田家的奶奶沒去之前也說不想去，但是，現在聽說她每天都很期待去日照中心呢。」

我好不容易把話題轉到鼓勵他們參加日照的方向，全心全意希望他們加入。但是這兩個人堅決不認為自己是高齡老人。

宅在家的老爸說「我哪裡都不去！」還算容易理解，但是老媽明明食慾和外出慾旺盛過人，而且不管疫情如何嚴峻，也非要出門購物和卡拉ＯＫ，在這種時候她偏偏卻說：

「這個家沒了我會完蛋吧！」即使高齡九十，她還是認為在這個家裡，自己是至高無上的女王。

不會，不會，一點也不會完蛋哦，反而還幫了大忙。

「那誰負責採購和煮飯呢？」

我負責呀。你不去採購的話，冰箱裡過期食材滿出來的狀況也會消失，也省去刷洗鍋子燒焦的麻煩。

「客人來了怎麼辦？」

我不是說了嗎？我來招呼。再說，你都九十歲了，這把年紀就算哪天走了也不奇怪呀！誰會因為你的不在而完蛋呢？

明明腿腳衰弱必須使用老人專用步行器，明明重聽到必須把收音機開到最大聲才聽得見……但老媽的倔脾氣卻是一天比一天更激烈。

而且她根本不知道我常遇到陌生人上門這樣說：

「剛才已經請教過了。不過府上只有老爺爺和老奶奶在，保險起見，我再向您請問一次……」

想也知道，人家一定是判斷跟這兩個九十多歲的人解釋也說不通，所以就算來過了，也會再次上門。

再說，她更不會知道，我常常接到親戚打來問：

「打了幾次電話，大姊他們不在家嗎？」

甚至有人說：

「打電話去問事情，結果姨媽一句『不知道！』就把我掛了……」

她可知道，最後幾乎所有親戚都會再打來詢問，而接電話的人是誰？——是我！是我這個女兒！

可是她今天竟然說：「這個家沒了我會完蛋吧！」

她又再度向我這個做女兒的揮拳重擊。

年底的大吵架搞得老爸壓迫性骨折

事情發生在年底，十二月三十日那天。

平常一向好勝的老媽，突然語氣緩和地說：

「你爸躺在地上，吵著說背痛欸……」

「背痛……他是向後翻倒嗎？」

「就你爸在大吼，我嫌他吵，手一揮他就跌坐在地上。」

「該不是媽你把他推倒的吧？」

「我才沒推他呢，我只是揮一下手而已。」

雖然不清楚詳細的過程，但是一定是從家常便飯的口角，升級到動手打架的地步吧。儘管如此，為什麼要在年底醫院休診的時間找麻煩呢？

「他動不了嗎？」我問。

「動得了呀。」

也就是說，只是故意耍脾氣罷了吧。

「要不，貼個貼布看看？」我打算冷處理，但老爸不依不饒地說：「老太婆把我推到地上，害我骨頭斷了，骨折了啦！」

還沒有嚴重到叫救護車的地步，但是，畢竟年紀這麼大，也不能等閒視之，只好趕緊在市公所網站上找到值班醫院，帶他去看骨科。

診察結果是腰椎（脊椎的腰部部分）壓迫性骨折。由於高齡骨質容易疏鬆，稍一碰撞，骨骼就會壓碎變形，這種情形就叫做壓迫性骨折。

「是不是需要住院？」我抱著期望問道。

過年期間，如果任性的老爸能住在醫院裡，我倒也能輕鬆一些。

「不用。他還能走動。安靜待在家裡，應該就能痊癒。」

是哦……大失所望。

無可奈何之下，還是得帶他回家吧。

幫他繫上護腰，醫生開了止痛藥和健骨藥，總算暫時解決！

結果——當然沒那麼簡單。

不時聽到他說：

「護腰太緊，我不能呼吸！」

「腰部好痛！都是老太婆害的。」

「我口渴，去拿飲料來。不要這種，我要蘋果汁。」

莫非是開啟了「生病就可以任性耍賴的按鈕」？從早到晚，老爸就這樣亂耍脾氣，什麼話張口就來，超越以往的程度。

雖然說他可以自行走去廁所，但念及萬一，想買紙尿褲給他穿，不料他竟拉高嗓門罵道：「我怎麼可能穿這種東西！」然後又開始無理取鬧：「痛死了，走不到廁所。」

「那，你想怎麼辦？」

「去給我拿夜壺來。」

夜壺……？

這輩子幾乎從來沒出現過的單字，在心中不斷迴響。

「媽，我們家有夜壺嗎？」

「應該沒有。」

「那就得出去買了。」

可是，哪裡有賣夜壺呢？打電話給大嫂說明狀況。她說：「可能大賣場的長照用品區有賣。我馬上去買。」

說完便驅車前往。

這段期間，我到藥房再去買了紙尿褲和鋪在床上的防水墊。

十二月三十日小年夜，如果為了置辦年菜東奔西跑也就算了，我家卻是「夜壺」來「夜壺」去的是怎麼回事……才不過半天以前，作夢都想不到會出這種事。

接著就是除夕、正月初一、初二、初三。

「我不要喝蘋果汁了，有沒有番茄汁？這果汁太甜了。買些酸一點的果汁來。」

「戴著護腰不舒服，我睡不著。」

「都是老太婆，好好一個新年搞得亂七八糟。」

「肚子好餓，給我拿年糕湯來！」

任性妄為到達極點。

看老爸一副得意忘形的樣子，真是可恨至極。

說來說去，這種結果還不都是你們為了無聊小事吵架造成的，憑什麼擺出那種頤指氣使的態度！新年剛到，本人的火氣也即將沸騰。

不過這種事怎麼可以只有我默默隱忍？見到上門拜年的親戚和孫輩，我立刻當著受害者的面，加油添醋地說：「被老太太推了一把，摔到五公尺遠，結果脊椎啪的一聲就斷了。」

如果脊椎啪的一聲斷掉，這把年紀應該活不了了。不過，真要如此，還真是菩薩顯靈了吧。

我偷偷地在心裡訐譙。

至於夜壺，雖然費了一番周折才張羅到，但畢竟是在客廳，可能還是不好意思用吧，想上廁所時他還是一步一拐地自己走去，沒用夜壺。

這怎麼回事？既然自己能走的話，你就自己走嘛！

畫漫畫的話，我的腦袋上方應該在冒煙吧。

到了寒意刺骨的深夜一點多，我從挑高的二樓悄悄往餐廳張望，只見老爸以輕快的腳步從客廳走過來，往茶杯裡倒酒來喝。

明明骨科大夫嚴格地叮囑：「服用止痛藥的時候，最好不要喝酒。」

拜託哦……我驚訝得目瞪口呆，下巴差點掉下來。

長照評估面試之老人的通病

雖然天天為了應付老父母殫精竭慮，但我也不是那種善良可欺、被他們耍得團團轉、消耗時間，或是亂發脾氣還能夠默默隱忍的人。元月初三天一亮，我就打電話給本地總括支援中心。

如果家人獨自承擔長照工作，遲早會垮掉，然而長照保險費是由所有四十歲以上的健保受保人承擔，所以，需要使用長照保險服務時，不必顧慮太多。

可以接受什麼樣的服務，依據長照需求等級（需支援一、需支援二、需長照一至五級）決定。首先，必須向戶籍所在的「地區總括性支援中心」（高齡者保健福祉的綜合窗口）辦理長照評估申請手續。

如果沒有經過評估長照等級，就無法入住設施、利用日照服務和申請照服員協助。

地區總括性支援中心的長照支援專員決定了到我家面試的日子，我開始做功課，查詢「需長照狀態區分的決定」經過什麼樣的流程，什麼樣的狀態符合的長照等級，以及該如何評估等等。

長照相關的書籍、專題報導長照的雜誌、網路上的專家網站……當然都是我參考的對象。

另外，一些實際照顧高齡父母的子女或照護專員的現身說法，令我茅塞頓開，理解到「原來要採取這些行動啊」。但同時，也明白了在面試日之前，照顧者必須做的事。

必須謝謝提供這些情報的人，他們幾乎都是家有同年代老父母的照護者，我們年紀也不相上下，所以真的非常感恩。

終於到了評估日當天，我將老父母種種問題列成條項，列印成A4紙，準備交給長照支援專員。

因為事前已得到資訊，如果老人在長照支援專員面前，刻意逞強說「沒有什麼問題，什麼都能自理」，評估的長照層級有可能與實際需求發生偏差。

這種想維持面子的行為，稱為「粉飾」，是失智症初期常見的症狀之一。

一聽到要面試，老爸老媽多少都有點緊張吧。

「家裡很亂。快請進、請進。」

「辛苦您了。」見到長照支援專員，兩人都以不同於平時的客氣態度迎接。

「怎麼樣？有沒有什麼特別的困擾？」

「沒什麼特別的。」

老爸悠哉地回答。

他說得也有道理，因為困擾的不是你，而是我啊。

「食慾好嗎？」

「好啊，吃得很多。」

吃飯的時候超級任性，老是嚷著「那個不吃，這個不吃」，或是鬧脾氣地說「既然這樣，我就不吃了」，令家人頭痛不已，沒想到一面對外人，卻是態度隨和，回答的也是模範生的答案。

「身體狀況怎麼樣？有沒有哪裡疼？」

「這個嘛……腰很痛，眼睛也越來越看不見了。不過人老了，這種事也很常有。」

話匣子打開之後，老爸開始道出現狀。

然而這時候，好勝的老媽拿出了看家本領。

平時明明動不動就說「噢——腰痛」或是「膝蓋痛，爬樓梯特別難過」，然後要我們送她去看骨科，或者是不管我當時方不方便，便下達「我快癢死了，快點載我去皮膚科」的指令。

但是這時，她卻得意洋洋地說：「我都沒有什麼病痛，什麼事都能自理，不用兒子或女兒照顧也能生活呀。」

接著又說：「附近的鄰居經常說，看我活力十足，一點也不像九十歲。」或是「不論去哪裡，我看起來都比實際歲數年輕。前不久，我去卡拉ＯＫ，因為中氣十足，還有人以為我才七十歲呢。」滔滔不絕地說著別人沒問的事。

說到這種地步，已經不只是「粉飾」而已了吧。

根本是沒把在一旁驚呆的我放在眼裡了。

老媽也許是一心想獲得「真了不起」、「的確，您看起來好年輕」的讚美吧。她繼續以猛烈的攻勢自我推銷：「秋季舉行的卡拉ＯＫ大賽，區長還來拜託我代表全區出賽呢。」

但是，若是我這好勝的老媽因為太愛面子，使得評估長照等級偏離實情的話，可就得苦了我這個照顧者了。

「不過，她也是到處上醫院，拿了很多藥回來哦。」我見情勢不對，立刻插入對話。

「您都去哪家醫院呢？」專員問。

「T醫院、I骨科、W眼科、S皮膚科……也去看牙科。」

我拿出藥品記錄冊，掌握談話的節奏。

「平時去醫院的話，都是怎麼去的呢？我看這些醫院都不在走路能到的距離。」

既然人家都問了，當然不能不回答吧。

「叫女兒或兒子載我去……」老媽吞吞吐吐地答道。

三分鐘前，她才發下豪語，不需要女兒或兒子也能生活，這下子立刻自己打臉。

「您似乎服用很多種藥品，能掌握現在服用哪些藥嗎？」

意料之外的質問讓老媽頓時傻眼。

正是進攻的大好時機！

我用耳背的老媽聽不見的低聲悄悄說明。

「她怎麼可能掌握得住？她超級愛出門，老是想往醫院掛號，所以連成藥就能解決的小毛病，她都要誇大其詞地吵著進醫院。」

這時候，自然不能減緩攻擊力道。

「我怕她跌倒，想把她放在腳邊的東西整理一下，但是家母堅決反對，斥喝我不准亂動。」

我輕聲與長照支援專員咬耳朵，領著他到廚房走動。

冰箱和碗櫃就不用說了，光是料理台上就堆滿了食材、調味料和清潔劑。

專員注意到地上的籃子裡滿出來的保鮮膜，來回看著老媽和我的臉問：「這些是哪位買的？」

我搖搖頭。

「是我買的……」老媽答。

「為什麼要買這麼多呢？」

因為她只要去超市或藥局，架上的商品有看到就不假思索地買下來，所以你問她為什麼，她也答不出來。

「保鮮膜不會腐壞還算好的。我想說的是有保鮮期限的東西。」說著我打開抽屜，裡面塞了約二十條牙膏狀的芥末醬和山葵醬。

「這些好像是我搬回老家之前買的，一半以上都已經過了保鮮期。冷凍櫃裡本來還放著五年以前的魚肉或綜合蔬菜，我全都丟掉了。」

我如同得獎女明星附身般皺起了眉，適時地嘆了一口氣。

「可以讓我看看冰箱內部嗎？」

「當然可以！隨時都在爆滿的狀態。」

打開冰箱門的同時，兩個杯狀巧克力冰淇淋映入眼簾。

「這什麼？何時買的？」

「剛才，在前面的店裡。」

老媽毫無愧色地說。

到這個階段，她還不知道會遭到怎樣的責問吧。

「不行啦。這是冰淇淋耶。怎麼放在冷藏室裡？冰淇淋不放在冷凍庫會融掉的呀。」

我伸手去拿，果然已經開始融化。

「咦？是冰淇淋嗎？我以為是布丁。」

別鬧了，再怎麼看也不可能是布丁吧。

當著專員的面，她沒有像平常那樣凶巴巴地反駁我，但是明顯看得出心情的波動。

「奇怪，是我看錯了嗎……」

平常從不認錯的老媽，眼神左右游移。

不過，這對我來說卻是加分的。老媽捅出的漏子正好顯現她的自我陳述如何脫離現實。

簡言之，當事人自己絕對不會說：「每天都出門採購，買一堆多餘的東西回來放到壞」、「鍋子經常煮到燒焦」，或是「一遇到不順眼的事就大聲咆哮」、「從年頭吵到年尾」之類的事。

面試結束，我送專員到院子，把準備好的A4紙交給他，口頭再補充說：「他們兩人在醫院做過『長谷川式失智症量表[1]』測驗，三十分滿分中，兩人都在二十分以上。不過加法和減法的計算都很靈光。另外，最近他們很難控制情緒，一不高興就會立刻激動起來。這些現象我都整理出來了。」

失智症除了表現出記憶障礙的「阿茲海默型失智症」外，還有容易出現幻覺或手抖等症狀的「路易氏體失智症」和會出現騷擾行為的「額顳葉失智症」等。

正因為如此，我判斷只有事前先準備好可準備的資料，才能將長谷川式量表經常遺漏的症狀反映在長照層級上，於是才整理成書面資料。

兩老可能因為不習慣面試，都十分疲倦了吧。

我探頭看看客廳，老父母早就打起盹了。

斜眼看著兩老，心中響起了模仿惡官員的台詞：「老傢伙，本官可不是好惹的！」

然後，再使出下一招，悄悄與老父母常看的醫生訂下預約。

大夫，幫幫忙！

結束面試並不表示可以鬆懈下來。

必須經過由電腦分析的一次判定，和長照評估審查會進行二次判定（審核評估調查的註記事項和主治醫師意見的整合性）。

總之，主治醫師的意見對長照評估的影響很大。

事實上，我聽長照經驗者說過，即使有失禁和妄想的症狀，家庭的負擔相

1 用於判斷阿茲海默型失智症。

當沉重，但還是可能停留在「需支援二」的等級，無法上升到「需長照一」，所以為了慎重起見，我才用A4紙把兩老日常言行寫成條項，急忙送去經常就診的醫院。

「為了日常一點小事就惡言相向，若是我從中打斷，兩老就把矛頭轉向我。大夫，再這樣下去，我一定會崩潰。」

聽我懇切的哭訴，醫生說：

「無法壓抑情緒，把不講理的脾氣發在同住的家人身上，是典型的失智症症狀。」

醫生立刻領悟我的心情，可能他熟知失智症病患家人的處境吧。

這個階段可以鬆口氣了，心情也稍感輕鬆。

獨自扛著這個重擔，真的一點開心的事都沒有。

「有時候堂姊妹們來探望，都說叔叔嬸嬸這麼大年紀了，相對來說都還耳聰目明，很不錯呀。但事實是……可以說很不對勁，兩老都會一激動就怒不可遏，甚至有一次互相又咬又打。」

我皺起眉頭，有點誇張地露出求助的臉。

「是哦？那真的辛苦你了。失智症通常都只有同居的家人發覺，正因為如此，全家人都苦惱於如何應對，有些人更被逼到無路可走。」

大夫點了點頭，在電腦上的病歷表輸入兩老的症狀。

然後又向我確認：「你母親經常說，你父親大吼大叫，那你母親也是嗎？」

「對。家母的狀況也越來越奇怪。我也不明白，為什麼一點小事會讓她暴跳如雷。生活中的瑣碎小事日積月累之後，就會像火山爆發一樣。所以是不是請大夫開點抑制症狀的藥？即使不能根治也沒關係。」

「這樣……好的。那麼我開一些漢方和抗失智症藥。先觀察一陣子，如果狀況沒有改變，我們再作考慮。」

「好的。謝謝大夫。」

這一天我深深感受到，請醫生對症下藥固然重要，但是更重要的是讓醫師了解實情。

只不過不能因此就掉以輕心，所以高齡者照護真的很困難。

雖然這只是我家兩老的狀況，不過他們的不確定性就如同藥的效果，現下兩人又在無止境地進行無意義的鬥嘴。

不過，至少老爸會認老，他說：「年過九十，什麼事都忘得差不多了……」但老媽至今還好強地認為：「我的腦袋還很清楚，聽過的事絕對不會忘記。」

實際上，她只是忘記她已經忘了的事。

每年生日、耶誕節、母親節等，大嫂都會到城裡知名的蛋糕店買蛋糕來為她慶祝。她每次也都連連稱讚「哦伊西伊、哦伊西伊」，大口吃得很開心……

然而前幾天，老媽卻當著嫂子的面，淡然自若地說：「那家蛋糕店聽說很好吃，我都沒吃過。因為沒人帶我去吃，也沒人買給我吃。」無奈的嫂子也只能露出苦笑。

屁股攻防戰

「喂！」

我在二樓自己房間工作時，老爸在樓下大聲叫。

為了一件大不了的事大聲嚷嚷是常有的事，大多時候我都想假裝沒聽見。但是經過幾次經驗，如果他一拗起來，善後處理就得用掉我幾倍以上的力氣。

「什麼？怎麼了……」

儘管覺得煩，還是快步走下樓梯。

「馬桶座太冷了，你幫我把溫度調高一點。」

是是是，原來是這種事啊。我按了按選擇鍵，調高馬桶座的溫度。

「哦——謝謝啦。」順利解決——才怪，沒那麼簡單，這老頭麻煩得很。

第二天早上，一開口又是「馬桶座的溫度再調高一點」。

「已經設定最高溫了，不能再熱了。」我說完，他卻堅稱「沒那回事。以前明明更熱」，死不退讓。

我用手摸摸，馬桶座暖暖的，維持適當的溫度。

「已經很暖了不是嗎？馬桶製造商為了怕消費者燙傷，才設定這樣的溫度，不會更高了。」

我耐心地解釋給他聽，但一如往常，他完全沒聽進去。

「明明還可以更暖！」

三秒鐘後，發飆模式又啟動了。

其實，這種爭執已經不是第一次了。有關屁股的事件時不時就會突然爆發，每次都被他激得一肚子火。

上一次，他嫌清洗屁股的水溫太低，或是對不準屁眼，因而大發雷霆，大吵大鬧地非要找業者來修理。

「沒有什麼問題。」

聽業者這麼說，他立刻心情轉好，先前的吵鬧宛如從未發生過一般。

簡言之，家人再怎麼解釋，他都不聽，但廠商的師傅一說就雨過天青，簡直是超難搞的大老爺。

我不是你的屁股管理員！

很想把這幾個字寫在一張大紙，貼在廁所裡。

「不是說過了嗎！已經調到最高了。如果你還覺得冷的話，那就是你屁股的代謝太差了。」

這一天我也難掩不耐的表情一直重播。

但是，當然沒那麼容易讓他敗退。

「你如果修不好，就別那麼多歪理，快點叫廠商來修！」

老爸額頭冒出青筋地直吼回來。

他是在糞坑式廁所當道的昭和初年出生長大的人，照理說，不論是學校的廁所、車站的廁所等各地的公共設施，都沒有今日這麼舒適才對。

可是，為什麼……這老爺一提到屁股，就會切換到發飆模式呢？

從經驗上知道如果不找人來看，他是不會消氣的，所以雖然甚感抱歉，還是打電話給修理水電的專門業者，不想再與他纏鬥下去。

第二天上午十點多，老爸歡喜地迎接來檢查的水電師傅。我想上前說明狀況，他竟不客氣地說：「你閃開！」對方是專家，就算認為他是難搞的老頭，也不至於表現得太苛刻。

「那麼，我先檢查一下。」

正當他開始檢查時，老爸眉飛色舞地跟他攀談起來：「咦，你是上次來的那位吧。」

我是按他給的名片打電話過去，當然是同一個人呀。斜眼看著這一幕，忍不住在心裡吐槽。

「看起來沒什麼問題，不過用久了功效較差，與其修理，不如換個新的比較便宜。」

不論是家電或水電，要求修理時，對方幾乎一定會說「買新的比較便宜」、「換購較划算」，說得我都會背了。儘管早有心理準備，不過對方果然使出「非成交不可」的精神，全力推銷。

「是嗎？那就麻煩你幫我們換掉。新的便座會更暖吧。」

老爸慢條斯理回答時，我趁機打岔：

「換新的話，大概要花多少錢？」

我出其不意地問道。

「我想大概是十萬出頭吧。」

是呀。確實得花這麼多錢，這麼思索的同時，又忍不住在心中尖叫：「這十萬塊誰要出啊！」

馬桶座並沒有壞，溫度維持正確。而且除了鬧事的老爸之外，沒有人覺得有問題。可是卻要換新？

知道我不滿老爸的處理態度，平常都會東拉西扯地找話善後的老媽，唯獨這種時候，卻表現出「與我無關」的姿態，坐在客廳裡看電視。

即使當著業者的面，也不能輕易同意更換新貨。

「東西都還堪用，換成新的太浪費了。而且那十萬塊誰出？我可不出哦。」

我開門見山地把球丟出去。

但是，老爸一臉滿不在乎，用彷彿把掄起的拳頭再舉高的氣勢回道：

「當然是我出啊！」

平時，花錢無度的老媽每次買些多餘的東西時，老爸都會皺著眉頭罵：「給我節制一點！」然而，與屁股有關的事情，一旦著了火就難以收拾。

不久的未來，如果有需要進入安養設施的話，花費也不可等閒視之。所以現在我想盡可能省下沒必要的開支，好為將來打算。

不過一說到這個臭老頭，火氣就不停地冒上來。

水電師傅在他的央求下，最後說：

「那麼，我先回去一下，看看庫存有沒有貨，晚點再跟你們確認安裝時間。」

「兩三天內可以來安裝嗎？」

「如果有庫存的話，明天就能來。」

「噢——那就太好了。」

我在一旁拚命按捺住翻湧的心情，然而老爸卻像小孩終於買到期待已久的玩具般，浮起滿臉的笑容。

與業者通電話、安裝時在場監督、匯入款項的人，都不是老爸——而是我！不過，不論出錢的是老爸還是我，我們家的錢包裡少了十萬塊是不變的事實。十萬塊不算多，但也不算少。對平民百姓來說，是一筆絕不能小看的金額。

每次使用老爸如願安裝的新馬桶座，一股難以壓抑的念頭就會在我心頭波動：

「這馬桶座的溫度，根本就和以前差不多啊。」

區區便祕掛急診

「這兩三天，不管怎麼使勁就是拉不出來。」

星期天的早晨，才剛下樓就聽到老爸一個人兀自嘀咕。

「拉不出來，便祕嗎？肚子痛嗎？」

這種事也不能放著不管，先搞清楚狀況。

「不痛。」

也就是說狀況並不太嚴重吧。

「不痛的話，那就多攝取水分，再觀察看看。或者要不要吃些糙米粥？想吃的話我就去煮。」

「也好。那你幫我煮吧。」

這段對話結束的五小時後，我正在準備做午飯，而已經吃完午飯、正在看《NHK金嗓大賽》的老媽，卻用命令的口氣宣旨：

「你爸爸便祕很難受，叫你載他去醫院。」

「肚子痛嗎？」我再次向當事人確認。

「不痛啊。」老爸悠哉地答道。

「星期天為了便祕去掛急診，實在說不過去，等到明天早上，如果還拉不出來，我再載你去。」

「也好。」老爸也同意。

儘管如此，哪管醫院還是什麼地方，熱愛出門的老媽都無妨，她朝我冷冷射出一箭：「你這孩子真無情！」好像我做錯了什麼。「不是說了嗎！今天禮拜天，醫院休診。如果昏倒失去意識，或是痛得在地上打滾那還說得過去。當事人自己都說不痛了，為了區區便祕跑去掛急診，太說不過去了吧。」

剛剛解釋給她聽，但完全被當成耳邊風。

不只如此，她還狠狠地說：「你就是不想帶我們去醫院，才故意這麼說。」然後又唉聲嘆氣：「有事的時候，女兒一點用都沒有。」這些話把我氣得直跳腳。

不過，這種景象我也司空見慣了，所以不予理會，繼續準備午飯。

可沒想到，客廳竟然傳來老媽的聲音：

「喂，是T醫院嗎？我家老頭子便祕很難過，可以帶他去看看嗎？」

只不過，九十歲老媽耳背嚴重，一股腦說著自己想說的話是沒問題，但對方說了什麼，她是一點也聽不到。

「你說什麼？我聽不懂。喂，我聽不到。你在說什麼？喂，喂……我聽不到啦！」

她扯開足以震破鼓膜的嗓門叫道。

像她這一類任性無極限而讓我想視若無睹的行為，簡直不計其數，但是，既然把外人捲進來，我就不能裝作沒看到。

「喂喂，休假日打擾十分抱歉。因為九十二歲的家父，好像無法通便一星期了。他說肚子又脹又痛，如果可以的話，能不能帶過去請醫生診察一下？」

我從老媽手中接過話筒，極盡恭敬地把狀況說得需要急診一般，並且對著看不見的對方頻頻低頭鞠躬。

「謝謝。那我馬上帶他去。」

掛掉電話，我告訴老爸：「他說可以看診，快去穿衣服。」然後準備上樓拿車鑰匙。

天氣晴朗的星期天下午，對蠢蠢欲動想出門的老媽來說，正是求之不得的外出良機。她可能覺得正中下懷吧，立刻站起來，一副準備出發的架勢。

但是，她這個如意算盤打錯了。

「疫情的關係，只能一人陪病哦。」

我在重聽的老媽耳邊一字一字地說。

不料她卻說出令人目瞪口呆的話：

「如果只能一個人，那就我去。」

「開車載爸的人是我。你這個九十歲的老太太，走都走不穩，到急診去陪病，只會增添醫護的麻煩。你的年紀比你想得更大，已經不是可以陪病的狀態了。」

我的聲音可能比平時更尖銳吧。

即使是老媽，也看得出形勢相當不利。她雖然露出還想反駁的表情，但還是灰溜溜地回客廳去了。

開車到T醫院只要五分鐘。

「停車場空蕩蕩的呢。」

老爸下了車，慢條斯理地嘟囔著。

「我不是說過嗎！今天星期天醫院休診。除了緊急狀況，其他診察一概沒有。」（一天到底要大叫幾次「我不是說過嗎」才夠？）

「哦，這樣啊。今天星期天哦？難怪這麼空。」

老爸一面說，一面跨著輕快的腳步，朝著寫有「急診處」的入口走去。那神態怎麼看也不像需要急診的病人。

「我們剛才打過電話來……」

我懷著歉意按下對講機，說明來意。

「現在去請大夫過來，請在這裡等一下。」

在引導下到診察室前的椅子坐下等待醫師。由於休假的關係，除了老爸和我，屋裡空無一人。

掛著急診醫師臂章的醫師，小跑步過來。「麻煩您了。」我隨著老爸走進診療室。不知是不是我多心，看到醫師眼睛腫腫的，不禁想：該不會通宵熬夜，才剛躺下去補眠又被叫起來吧？還是說，一直在忙著照顧病患呢……心裡的歉意讓我不由得介意起來。

「大便排不出來大概多久時間了？」

「四、五天了吧。」

醫生讓老爸躺在診察台上，按壓他的肚子進行觸診。

「這裡，會痛嗎？」

「不會。」

「那這裡呢？」

「也不會。」

不會痛你來幹嘛！專業的醫生當然不會說出這種話，是我擅自在心中為醫生的心情發聲。

「我讓護士幫你浣腸，請在外面等候，準備好了會叫你。」

「真的不好意思，休診的時候還來打擾。家父並不是緊急狀況，但是年紀太大了……」

醫生只用了兩、三分鐘觸診，我則是一個勁兒地道歉賠罪。

「久等了。家人請在這邊等候。」

過了一會兒，在一位貌似二十多歲的護士小姐陪同下，老爸踏著輕快的腳步走進處置室。

「首先請您先吃軟便的藥。右手拿著水杯，來，慢慢喝沒關係。」

室內傳來護士小姐溫柔的聲音。

「吃完藥後，請脫下長褲和內褲，面朝牆壁躺在床上。您自己爬得上去嗎？」

「爬得上去。」

發飆模式關閉時的老爸，宛如洩了氣的皮球，變得既和順又懂事。

「好了嗎？那我要把浣腸注入肛門了……請放鬆。沒問題嗎？會不會痛？」

「不會痛啦。」

「好，放鬆。」

隔牆聽著護士小姐與老爸的對話，我不免苦笑與嘆息齊發。

「拉出來了，量很多哦。很好，就照這樣拉。拉了很多哦。還有沒拉完的嗎？」

「還有一點想。」

「是嗎？好啊，再用力試試看。」

通常「大便出來很多哦」、「就照這樣拉」之類的讚美，只有在幼兒糞便訓練時才會聽到。雖說是工作，但是幫九十二歲的老爺爺（而且還是休假日）浣腸，我雙手合十朝著護士小姐說：「實在太麻煩您了。」

「怎麼樣？還想拉嗎？」

「沒有了。」

「肚子舒暢了嗎？」

「舒暢了。」

你倒是舒暢了，但我滿腹的煩悶該怎麼抒解？

獨自待在候診室裡，一股難以排遣的怒氣直湧而上。

「好，那我幫你把屁股擦乾淨哦，會不會覺得噁心想吐？」

「不會。」

「好，這樣就好了。您慢慢來沒關係。把褲子穿好之後，與家人到結帳處等候。」

陪著老爸從處置室出來的護士小姐，手上拎著可能是放著老爸大便的塑膠袋。

「謝謝你的幫忙，護士小姐。」

我站起來深深一鞠躬。

真沒想到只因為便祕，會需要在休診日去綜合醫院掛急診的地步……如果沒有與老父母同住，絕對不會有這種體驗吧。

回到家，立刻調整心情，繼續準備午飯。

早已過了午餐時間，食慾也沒了，但還是隨便吃點比較好，於是用剩下的青菜和豬肉做了炒烏龍麵。

「我還在想怎麼有香味呢，這麼晚了才吃午飯？」

老媽盯著剛炒好的烏龍麵，泰然自若地說。

不好意思喔，這麼晚才吃午飯。你覺得是誰害的？

望著從冷凍庫拿出冰棒，走回客廳的老媽背影，我按捺住想挖苦幾句的心情，在心裡扣下扳機。

後來那天晚上又出事了。

也許是在棉被裡感覺到便意，卻來不及走到廁所吧。老爸大便拉在走廊上了。

「不用吃藥沒關係吧？」

晚飯後，老爸想確認地問。

我答道：「如果腸子裡的大便都清空的話，今天就不用再吃藥了。醫生開的藥是給你下次再便祕時吃的。」

然而，我上了二樓自己房間後，好像聽到老媽在旁一個勁地勸：「難得開了藥，還是吃了吧。」

結果老爸就把軟便藥吃了。

老爸雖說已經九十二，但是至今都還沒有用過成人紙尿褲，所以，意想不到地出醜，最震驚的還是老爸自己。

「都是老太婆非要我吃不可。」

老爸耷拉著腦袋，喪氣地說。

至於老媽，則趁此機會騎到老爸頭上，對著沮喪的老爸說：

「大半夜的，真沒想到還要幫你擦大便！吼！人到了穿紙尿褲的程度，也就完蛋了。」

「歸根結底，全都是因為你說了不該說的話吧。既沒有一起去醫院，也沒聽到醫生怎麼說，憑什麼自作聰明叫爸吃藥！那是瀉藥，吃了當然馬上就拉了呀。」

我怒不可遏，然而，半夜為了屎尿跟九十歲老媽吵架也是白費力氣。

我只好趕緊讓老爸穿上紙尿褲，然後拿著髒掉的內褲和睡衣到浴室去。沒想到，老爸還在繼續罵：

「早知道不吃藥就沒事了。」

可能因為說不過老媽服了藥，心有不甘吧，或者對自己出醜的事感到丟臉，才會這樣接連不斷地說了好幾次。

「所以啦，晚飯時不是說了嗎？那種藥是軟便劑，只有好幾天便祕的時候才需要吃。」

睡到一半被叫起來的關係，我的口氣也越來越差。

平常總是誇下豪語「老子我絕對不會進老人院」的老爸，換衣服的時候自言自語地說：

「如果自己也沒辦法上廁所，那就只好去住老人院。」

激動的時候令人恨得牙癢癢的，但是不知何時老爸的身影比我這女兒還小，看著他佝僂的背，我不禁覺得，老爸對自己的衰老，可能比任何人都感到無所適從。

話雖如此，如果每天都這樣半夜失禁的話，一定會整死我。

「不知道還能不能睡了……」

「要不然為了保險起見，再去上一次廁所看看，如果沒拉就沒事了。」

「是哦。」

從廁所出來的老爸，抓著睡衣的褲角，有氣無力地往臥室走去。

呆呆地看著他氣餒的背影，我忽然想到，有多久沒想起兒時父親在烈日下的背影了呢。

事事都想全權掌控也可以，但……

早上八點多，吃完早飯正在收拾時，一輛載著榻榻米的陌生卡車開進了我家院子。

怎麼回事……？

我打開落地窗，向車中下來的男人問：「您哪位？」

「上星期四接到府上電話，說要幫二樓的和室換榻榻米。」

換榻榻米……？我怎麼沒聽說過。

「爸爸，你有聽說嗎？」

「我？我什麼都不知道。一定又是老太婆自作主張的吧。」

坐在飯桌前的老爸皺起了臉。

就算臨時要換榻榻米，但和室裡還有塞滿老媽和服的五斗櫃，和同樣塞滿老爸舊書的四座書櫃鼎足而立。

考慮到衣物的數量和重量，都不是馬上能搬動的狀態。

該怎麼辦呢……我正尋思的時候。老媽從廁所出來，神色自若地向工人說：

「哦，已經來了嗎？請進，我帶你上二樓。」

「媽，怎麼事前什麼都沒說？」

我試圖搬出回家住之後，說了千百遍的台詞。

「怎麼，我什麼事都得向你報告嗎？」

老媽沒有半點內疚的樣子。

難道她認為「找人商量，就等於輸了」嗎？出外如此，上醫院如此，請工人來如此，生活上大大小小的事，這位老太太連自己老公都沒有事前照會一聲。

「她大概以為全世界她最偉大吧。」

老爸丟下湯匙說。

「好，那放和服的五斗櫃和書櫃要怎麼辦？不搬開的話沒辦法換榻榻米吧？」

「老闆說他會幫我搬。」

怎麼可能有這種好事……我想到這兒，便誠惶誠恐地問老闆：

「你會幫忙搬嗎？很重的耶。」

「不是。打電話時有請你們先把裡面東西搬空哦。」

榻榻米老闆直言不諱地說。

「你看，老闆都這麼說了，你打算怎麼辦？」

我難掩不快地問道。

「咦，有嗎？我以為會全部幫我搬欸。」

老媽面不改色地答道。

「你以為？是媽你自作聰明吧。我再問一次，五斗櫃和書櫃塞滿了和服和書，你要誰把它們拿出來，然後搬出去？老闆已經說了他不搬。」

收拾善後的永遠是我。

「載滿榻榻米的卡車怎麼停在院子裡，到底在幹嘛？」

這時，住在附近的大哥一臉訝異地跑上二樓。

「老媽沒跟爸爸和我商量，就自作主張請榻榻米店來換，現在正討論到那些五斗櫃和書櫃要怎麼辦。」

「怎麼又來了。為什麼事前不先商量一下呢。我不是跟你說過，自己一個什麼事都幹不了，不要任意做決定嗎！」

大哥的火氣比我還大，但老媽絕對沒有認錯的打算。

她瞪起鬼面具般的眼珠反駁道。

「我為什麼任何事非得跟你們兩個商量？」

「媽，我再問一次，這麼大量的書和和服，你要怎麼打算？媽媽全部自己搬出去嗎？你想做一個人做不了的事時，是不是該問問別人方不方便幫忙？為什麼這麼簡單的道理你都不懂？」

反正我先把話說死，但是老媽也不是省油的燈，不僅如此，還充滿敵意地說：

「在我家吃閒飯的人，憑什麼指手畫腳！」

吃閒飯……她現在是在說我吃閒飯嗎？

真沒想到親生母親竟會對我說出這種話。

表面上裝著不動聲色，但心裡波濤洶湧宛如強烈颱風過境。

「說實話，我也一直不喜歡媽。」

兒時開始陳封在心底、對母親各種無可奈何的複雜感情，現在如同岩漿般從心底噴發出來。

想到以前，老媽對大紅大紫的愛好無人能及。她老是買些自己喜愛的鮮豔粉紅、橘色，或是有著大花圖案的襯衫或洋裝給我穿，然後得意地看著幼小的我說：「真是好漂亮、好可愛唷。」

我們兩個雖然是母女，但是個性截然不同，喜好與價值觀也不一樣。事實上，我最討厭引人注目。而且，被迫接受母親的愛好，就像鞋子左右穿錯邊一樣不自在。

但是，年幼的我找不到方法拒絕。

「媽媽買給我的衣服，我都不喜歡。」

就這樣心裡懷著無法接受的感受，默默長大，然後離開家生活。

女兒不是母親的附屬品，也不是滿足母親慾望的代替品。出社會之後，我和母親保持距離，把她當成反面教材。

過了四十年，我們母女卻又開始同住，脾氣合不來自然也是可想而知。

「請問！」

榻榻米店老闆的叫喚聲把我拉回現實。

老闆已經做好所有準備，正在待命，總不能在他面前繼續上演母女翻臉，或是坦誠面對心結的戲碼。我立刻收起火氣，戴上口罩和棉手套開始作業，拿出抹布、掃把和綁書用的塑膠繩，決定速戰速決。

可能老媽想到這種時候走為上策吧。她瞥了一眼默默作業的我，一扭身就下了樓。

什麼……自作主張地惹了麻煩，卻要我來收爛攤嗎？

實在可惡之極，不過當著老闆的面，只好繼續做。

接下來的半個鐘頭，我把衣櫃裡的和服搬到隔壁房間，再把從書櫃清出的數百本書籍用繩索綁緊，分好幾趟地搬到一樓的倉庫。

「這些，我可以搬到一樓嗎？」

目睹母女翻臉的老闆看不下去，也過來幫忙。

收拾搬運倒沒什麼，但是幾十年沒整理跡象的書櫃，裡面的書稍微動一下就塵埃飛揚，即使戴著口罩，鼻子也刺得發癢。搬出書籍後的書櫃，自然也堆積了大量的灰塵。

就說為什麼不事前先商量一下嘛！

我在心中怒吼，但是老媽卻渾然不覺我快要火山爆發的怒氣。

不僅如此，她明明看到我抱著一疊疊書在一樓和二樓間來回跑，竟然安坐在客廳裡，入神地看著電視綜藝節目。

那種旁若無人的態度，令人看了生氣，到了瞠目結舌的地步。

這是一場把榻榻米店老闆牽連進來的大掃除，搬空的書櫃和五斗櫃搬到隔壁房間，用掃把掃掉散落的塵埃，再用濕抹布簡單擦拭一遍後，榻榻米老闆才展開他原本的工作。

接著，像是算好時機般，老媽頭上綁著毛巾，拿著雞毛撢子輕快地走上來。

這已經是她的老招了，做做樣子她最會了。把拉門木格上的灰塵撢個兩三次，就叫著：「哦，腰好痛。哎喲喂呀、哎喲喂呀！」然後速速下樓。

「今天，我們請人來換二樓和室的榻榻米，從一早上就忙進忙出的。」

我從二樓窗口往下看，只見頭上還綁著毛巾的老媽，對附近走過的人宣布。

很想拿起擴音機對著重聽的老媽大喊：

忙進忙出的是我，不是你好嗎！

「女兒不是從東京回來了嗎?交給她不就行了?」

「叫女兒做的話，不知道會拖到什麼時候才做完。辛苦拉拔她長大，結果一點用處都沒有。」

她用隔壁鄰居都聽得到的大聲量數落我。

不過，這也是吾家日常。

也許真如老爸所說，這位女士真心認為「這世界上就我最偉大」、「世事皆如我意」。

最後，我這一天的工作也只能延後，光是應付榻榻米老闆的指示，一整天就這麼結束了。

大概是因為搬運大量書籍和和服等重物，全身上下的肌肉痠軟疼痛，就像剛跑完一趟全程馬拉松。

這種日子究竟要捱到什麼時候……

我一面在手腕和大腿噴上撒隆巴斯噴劑，一面嘆了今天不知第幾口的氣。

冰箱永遠擺滿腐爛的食材

「一回老家，冰箱裡放了好幾盒蛋和維也納香腸。」

「我婆婆去採購時就會買胡蘿蔔和馬鈴薯。」

「公婆家的廚房食材堆得到處都是，多到連站的地方都沒有。」

這種引起共鳴的老人行徑不勝枚舉。

我們家的冰箱也差不多，永遠塞滿了老媽天天大肆採購的食材。

我家門前不遠，就有一家除了生鮮食品外什麼都賣的大型藥妝店，信步走幾分鐘，還有一家綜合超市和便利商店，方便性得天獨厚，但是由於家中有個食慾與購物慾旺盛非凡的老媽，這件事卻是有一好沒兩好。

只要一沒注意，老媽就溜出去購物，而且是看到什麼拿什麼，總讓人忍不住要問：

「我們家是集訓中心嗎！」

而且，多年來她是個對「到底哪些東西還有，哪些沒有，是否真的需要？有沒有過保存期限」等，都無法管理的九十歲老太太。

宛如小孩子趕廟會般的衝勁，看到什麼就買什麼，所以我家的冰箱裡經常充斥著已經出水的爛菜葉和豆芽菜等、已過保存期限的培根或魚漿製品、發黴的佃煮和醃菜，甚至還有標示幾年前的冷凍食品。

可能有人會想，既然如此，你就代替母親去購物和食材管理嘛。會說這種話的人，一定沒有與老人同住過。如果能這麼做，誰會想吃這種苦頭呢？而且每天都在跟她說著重複的話語：

「超市的炸物只有媽要吃，為什麼買這麼多炸雞和天婦羅呢？」

「你買東西都不考慮大家的食量，總是放到壞掉。」

「想吃的話，買兩、三個自己夠吃就好了。也有賣小包裝的呀。」

她聽了這些話，也總是給出這樣的回應：

「在家吃閒飯的人，沒資格對你老母說三道四。」

一本正經地罵親生女兒吃閒飯的人，怎麼可能把購物工作交給我？

有天，老媽買了一組三十個裝的巧克力可頌麵包。

「買這麼多，到底誰要吃？」我問。

「我會吃呀。」

這一天，老媽又若無其事地背起快聽爛的台詞。是哦，你會吃哦。但是每次都是吃不完，最後丟掉——我有一肚子想說的話，但是我也知道，說了也是白說。

也許有人會說，「一次吃不完，放在冷凍庫就行了。我們家週末也會大量採購起來放冷凍。」不過，我也不知道對她說過多少次：「今天明天吃不完的部分，先冷凍起來。」

今天這個時代，不只是麵包，連烏龍麵、白飯都應冷凍保存，已經屬於大眾常識，然而不管再怎麼解釋，老媽還是一句「我在廚房摸幾十年了，不需要你來指手劃腳」，極端頑固，不接受新觀點。

這些可頌麵包十之八九放了三星期之後，就會丟到垃圾箱吧。但是這一天，我還是決定假裝沒看見。

我向進行長照評估的縣市「長照支援專員」說明了這種狀況，答案果然不出所料。他們說：「錢包讓女兒管理，每天只給她必要的金額呢？」

只是，各位應該也已經發現到，如果做得到，我早就這麼做了。

以前，老媽與到家裡收款的業者也為了繳錢，發生各執一詞的糾紛，我介入了解來龍去脈時，老媽卻是目露凶光地斥喝：「跟你沒有關係，給我閃邊去！」

相對於老爸把銀行存款交給長子，也就是我大哥管理，只有急需的時候才會領出來，老媽卻完全不准我們碰她的存摺、印鑑，當然還有錢包，她即使用爬的也要自己去附近的提款機提款。

未來，當她更老，連外出都有困難時，或是必須住進養護所時，她會把存摺和印鑑交出來嗎？

只有老天知道。

再說，我這個吃閒飯的女兒哪有資格操心呢。

在「丟了可惜」的正當理由下

老父母過世之後，清理家裡的廢棄品不知得花多少錢呢？看著眼前越堆越高的破銅爛鐵，掩面嘆息。

常聽人說「高齡者有囤物癖的傾向」，長年由老媽把持一切的我家自然就不用說了。家中的物品有七、八成，早就是連其存在都被遺忘的廢物了。

我們是鄉下的透天厝，不缺收納空間。廚房裡擺了三個大碗櫥，櫥中塞得密密麻麻的碗盤多到快要壓壞地板。從幾乎從來沒用過的方形套盒，到從來沒有拆開過的各式茶杯紀念品，光是數量算起來都可怕。

抽屜裡塞滿的刀叉、湯匙、筷子等，多到可以開一場晚餐會。儘管如此，每次去購物時，老媽還是會拿些免洗筷和塑膠湯匙回家。

「家裡的筷子湯匙可以擺攤了，店員問的話，你就說不要。」

這些話說了再多遍也被當成耳邊風。

儘管一再說：「碗櫥滿到有點歪了，我們家的盤子不能再多了。」老媽卻仍然熱心地集點換購大型麵包店的白色餐具贈品：「人家說要給我們，為什麼不拿？」

其他還有換新時應該順手清理掉的舊貨。不知為何，用壞的電水壺到電子鍋，咖啡壺到電烤盤，好幾台永遠不會再用（也不能用）的家電，都放在架上的一角積灰塵。

「壞掉的家電一直留著有什麼用？」

「說不定哪天用得著。」

意料之內的答案。

「不就是壞了不能用，所以才買新的嗎？」

「話是沒錯。」

「既然如此，就表示不會再用了吧？」

這種沒營養的對話也是家常便飯。如果想趁著老媽不在時偷偷丟掉，她就會為了「你亂丟我的東西、你亂丟我的東西」鬧得天翻地覆。

而且還會拿出「可惜、浪費」的正當理由。

一天到晚買了大量根本不吃的食物，然後丟掉，做了大量的餐點，吃不完倒掉的人，竟然好意思說「可惜、浪費」。然而，兩個認知差距太大的人，說再多也是雞同鴨講，只是體力和時間的浪費罷了。

大約一星期之前，我家斜對面獨居的老奶奶以八十九歲高齡過世。

幾天後，住在外地的兒子委託了遺物整理業者過來，將屋內的物品搬出去……不像東京的大廈公寓，鄉下的房子空間就是大，再多物品都塞得下。

第一天來了三輛大型卡車，大概裝不下吧。第二天，又來了另一輛進行追加作業。

假設載一趟二十萬的話，四趟車就八十萬了。我家的建坪是對面那棟平房的兩倍以上。

也就是說——

沒有比花大錢丟棄廢物更浪費的事了。

何止是嘆氣，我簡直想把茶几翻了。

「清理廢棄物也要花錢，不要積存沒有用的東西。」說再多遍，老媽也一概不理，只會說：「那又怎麼樣。」不只如此，我想把雜物間裡壞掉的椅子、竹簾用車載到鎮上的垃圾場去時，她宛如凶神惡煞地擋在門口，說：「你敢拿去丟，除非我死了！」

「我不是說了嗎？全部一起丟的話要花很多錢，所以才自己分次少量地清理，你怎麼就是聽不進去！」

我被惹惱了，聲量也不知不覺地變大。

一面擺高架子叨念著「浪費、可惜」，卻天天大量消費、大量廢棄的，不是別人，就是我老媽。

每次隔週的週一，拿著一整袋她積存的塑膠容器和寶特瓶到垃圾收集場時，伴隨著憤怒的煩躁就會一股腦地向我攻來。

沒有比倔強老人更難搞的人物

「你知道嗎，我婆婆今年八十九歲了，還經常騎著電動自行車出外購物，我好心說了一句：『萬一跌倒了很危險，要不我開車送你去？』她立即還嘴：『我沒打算讓你照顧！』後來即使關心她，也只是搞得更不愉快，以後我絕不主動開口，乾脆不管她了。」

在超市店前遇到的老同學，一臉苦澀也向我吐露心事。

「我媽也是，我只要開口說什麼，她一定惡言相向。」

我把為了卡拉ＯＫ吵架的經過告訴她。

「我婆婆也差不多，她的倔強不在話下。」

說到高齡長輩的共同點，我倆聊得也更加投契。

「提醒她『腳邊東西太多，要小心點』，明明只要回答『是呀。得多小心點』就好了，但她卻回答：『別把我當成老太婆』或是『你當我白痴嗎』。有時候關心地問：『我幫你做吧？』她就會狠狠瞪回來說：『沒人叫你多嘴！』好像跟我有什麼深仇大恨一般，我完全想不透她為什麼這麼固執。」

「如果你告訴我這是失智症的症狀之一，我也沒話可說。但是一起生活的人，如果每天都要承受這種折磨，實在受不了。」

與同樣有長照經驗的人聊一聊，哪怕只要幾分鐘，心情都能輕鬆不少。總之不要放在心裡，一個人自己扛著，一點好處也沒有。

另一天，住在附近的鄰居傷透腦筋地說：

「下雨天，家母打算出門，我提醒她：『今天還是別出門了，萬一滑倒可就得不償失了。』她不聽，硬要出門。之前也跟我老公說過，可能直到疼才知道骨折吧，結果這下真的跌倒骨折了。現在正到處找復健設施。但是不論哪個地方都很花錢，這些錢到底叫誰來付？」

除此之外，應該也有人滿腔怒氣地說：「回到老家，發現到處是健康食品的紙箱，我問他們『這是什麼？』卻得到一副滿不在乎的回答：『電視上直銷節目買的。』我趕緊辦退貨，他們反而發脾氣：『為什麼自作主張把它退了。』真是的，能不能饒了我啊。」

「我公公每天都開車去打柏青哥。萬一因此發生車禍，一切都太遲了。但是，叫他把駕照繳回去，他就大吵大鬧，一副要打人的樣子。我每天都在想，他能不能快點走。」只有家中有老父母才能分享的故事，說也說不完。

而且，每個故事都讓我感同身受，所以總會點頭如搗蒜地說：「我懂、我懂。」

即使老了也不願屈從子女的倔強老人世代，與期望長輩意識到年老衰弱而順從的兒女世代，兩代的隔閡恐怕是永遠也無法弭平吧。

我受夠了！

「去7-Eleven幫我買炸雞！」

一大清早，老爸下達了指令。

昨天他口諭要吃鰹魚刺身，前天下旨要吃白燒鰻魚。

一時興起、反覆無常都是正常的招數。

實際上，買回來卻不吃的狀況也常發生。

可能是在電視廣告，或是美食節目中看到吧。但如果順著他的任性，就沒完沒了了。

如果他以為事事都能得償所願，那就大錯特錯了。

我假裝沒聽見，他就會三番兩次地念：「我叫你去7-Eleven買炸雞，你忘了是吧？」

沒有忘，只是不想理。

我在心裡還嘴之後，決定繼續裝死。

「沒錢的話我來出！」根本是趾高氣揚地劃錯重點。

我怎會連去7-Eleven買炸雞的錢都沒有！

這位老爺大概一輩子都不會察覺，是這句話激怒我的吧。

老媽也不相上下，她的重聽嚴重到，不論是醫院服務處問她身體狀況、叫她名字，或是醫生解說，都必須由我代為回答。

與老爸爆發爭吵，也是因為聽不見。

「我覺得老媽的聽力比想像的還糟，也許要考慮用助聽器？」

我看不下去，提了這個建議。

「你又把我當傻瓜了。我聽得見，只是裝得聽不見而已。」

都嚴重到這種地步了，還不肯承認自己重聽。

其實她只要回答：「是呀，要不然去耳鼻喉科檢查一下好了。」對話就結束了。為什麼這位老太太一定要賭氣地頂回來呢？

如同前面說過許多次，這種抬槓一天天的累積，會形成無法輕易消解的壓力，不久會威脅照顧者的神經。

當政府解除「緊急事態宣言與蔓延防止」等重點措施時，我立刻決定離家出走。

「再也受不了了！」

一方面我自己需要喘口氣，但是兩老已把女兒在身邊的生活視為理所當然了。甚至不講理的程度，也已經到了難以形容的地步，所以我想應該趁此機會稍微離開兩老才對。

離家出走的目的地，是我在公司上班時的同事老家，她繼承了信州的溫泉旅館，現在成了旅館老闆娘，由於疫情的關係，客人相繼取消訂房，所以可以讓我去住個一星期左右。

決定離家的前一天，我偷偷地開車到車站，把行李寄在車站的置物櫃，準備得很周全。到了當天，我只在餐桌上留下「離開一下」的紙條，以一種出門一會兒的感覺，就只帶著一只購物袋出門。

開著大音量的電視前，兩老坐在客廳裡嘴開開地睡死，絲毫沒有注意到我的行動。

快速巴士行駛在濱海道路時，傳來了大哥的LINE：「剛才老爸打電話來，我說我什麼都不知道。」事前我已經照會了大哥大嫂，大哥應允我：「也好，你去放鬆一下吧。」

從新宿坐上梓號特急前往諏訪湖畔的旅館，一面想到決定返鄉定居時，朋友就說過：「回老家照顧父母的人，半數會因為難以忍受其中的煩亂而再度搬離家庭。」

從車窗看著恬靜的風景，腦中掠過兩老年輕時的模樣。

我們曾坐著老爸開的車去捕螢火蟲，也曾經全家一起去水族館或動物園。拿著捕蟲網和昆蟲箱的爸爸走到河邊的背影，堅實又可靠。不論什麼時候總是哈哈大笑的母親也曾是我們堅強的靠山。

只是……現在老爸老媽的強悍破壞力，把這些回憶也都摧毀殆盡了。長照生活拖得越長，年輕歲月的父母身影，也逐漸轉變成難纏老人的形象，快樂的記憶也隨之變得淡薄。

委身於特急列車的搖晃中，思索著過去種種，轉眼間就到了目的地。到車站迎接我的舊同事T，開車送我到她經營的旅館。

「現在這段時間，整個溫泉就你包場了。」T說。

放好行李就先去泡湯。緩緩浸在溫泉中，把深藏在胸懷的煩躁沖乾淨。

「果然還是溫泉好。我好像重生了。」

老闆娘結束工作後，與她到附近的居酒屋，喝著生啤酒，開心地聊著在公司上班的往事。過了一會兒，同樣身為返鄉定居、與老父母同住的同事，話題轉移到父母的照護問題。

「最近訂房的訊息幾乎全都透過網路進來，我母親身為大老闆娘，既不會用電腦也不會上網，要我抄寫在舊式的登記簿上。」

「可是，這樣不是重複作業嗎？」

「就是呀。重複也就算了，但是不論多小心，抄寫時總會有漏寫或忘了取消的狀況，畢竟是人工作業嘛。為了避免重複訂位，所以才想把帳冊一元化，可是為了『登記簿謄寫』的堅持，每天都要吵一頓。」

她煩惱地皺起眉頭。

「我們家則是各種無聊小事，如果跟工作有關係，當然不能那麼輕易讓步啊。」

「就是說嘛。打電話來訂房的人只占少數，而且客人的要求也趨於多樣化。我告訴她，旅館業不能老是堅持過去的做法，但是這些話不知說幾次，她就是不聽。當然啦，我母親也有她擔當多年老闆娘的傲氣吧。」

此時我們這個社會已進入超高齡化了，雖說每個家庭的狀況各不相同，但是家家都有本難念的經吧。

一星期的假期中，每天早上我都沿著諏訪湖慢跑一圈十六公里，然後悠閒地泡溫泉，在房間裡專心看書，好好享受著不被兩老煩擾的時間，心情也煥然一新，真心體會到有時候必須與老父母保持現實性的距離。

隔了一星期回到家，我若無其事地只說了一聲：「我回來了。」就逕自走上二樓。兩老後來看到我，都小心翼翼地，也都沒問我「先前到哪裡去了」。

第二天早上八點多，大哥傳LINE訊息來：

「剛才老爸打電話來問：『你知不知道她去哪裡了？』我反嗆他：『既然都回來了，你怎不自己問她？』」

看來這次出走，還是產生了某種程度的效果吧。

只不過這種客氣的態度僅僅持續了幾天，眨眼間，老爸又開始任性起來：「我想吃鰹魚刺身，你去給我買。」老媽又故意說起幹話：「事情交我女兒做，天都要黑了。」

不過嘛，全都在我意料之內。

老父母的長照生活，不知要持續到什麼時候。兩老今後失能的狀況只會越來越多吧，我也只能盡量保持自己的步調，互相妥協，而不被兩人牽制，但有時候也要使出消失幾天的絕招。

與好色老頭相比，也許還比較好

「你聽聽，有這種事嗎？我那個老爸好像到處跟鄰居說：『女兒想圖謀我的財產』。前一陣子，也把放了存摺和印章的手提包，忘在附近的咖啡館。還好店老闆是認識很久的熟人。我問他：『為什麼要把包包帶出門？萬一掉了就糟糕了呀。』老爸居然說：『放在家裡會被你偷走啊！』我真的氣得眼淚都流不出來。」

朋友滿腔怒火地打電話給我。

「這也是高齡長輩的共通點吧。朋友的母親經常大吵大鬧說：『放在櫃子裡的錢被偷了。』還有最近，住在附近的老太太跑去派出所報案：『媳婦偷走我的錢。』那家的媳婦哭著說：『平時都是我在照顧她，為什麼她要說這麼惡毒的話。』」

「年紀大了之後，不少人好像對金錢特別執著。我真希望她體會一下被當成小偷的心情呢。」

「就是呀……」

隔著手機，兩人同時長嘆一聲。

「頑固又任性。一有不順眼事，立刻大聲咒罵。最近老是會想，這老人到底想活到什麼時候？」

好友的心聲，我深有同感。

「與年長者同住的人，多多少少都會這麼想啦。我老爸也是一點小事就激動大吼。這個臭老頭早點死了吧。就因為無能為力，才會這麼想。」

「有些人會說，現在是人生百歲時代、壽終正寢之類的好聽話，但是現實卻是更加殘酷真實。」

「是啊！像是把屎把尿的工作，不論照顧者或被照顧者都沒有道理可言。」

兩人再次同聲嘆息。

「說到這裡，雖然妄想被偷錢的狀況很麻煩，但是，好色老頭更難搞。」

「好色老頭？」

她詫異地反問。

「是呀，像是亂摸照顧者的胸部或屁股，甚至是熊抱之類。」

「好可怕！我不想聽下去。」

「所以呢，據說長照中心有時會接到抱怨：『我們不會再派長照員過去了。』因為有的老爺爺住在那裡，都已經奄奄一息了，還能摸護士的胸部呢。」

「人即使到了八、九十歲，性慾也不會減弱。人類真恐怖啊。」

「不過，如果發生在自己父親身上，那真是丟臉透了。所以，妄想被偷錢搞不好還比較好。」

「說得沒錯，正是如此。」

朋友哈哈笑了起來，大概心情好轉了些吧。

「對了，我聽長照專員說，不是只有老爺爺會對院裡或設施的護士、長照師出言不遜或是暴力相向，老太太也很多呢。」

「老太太嗎？」

「對呀，我朋友的婆婆，好不容易找到了可以入住的機構，但是動不動就潑天怒罵，家人經常被叫去。」

「把家人叫去也沒有用，但是站在機構的立場，又不能放著不管。」

與她聊天的過程中，想到我家老媽過人的倔脾氣，恐怕也有這種可能性，不禁寒毛直豎。

「光是粗言謾罵就已經夠難纏了，那位老太太還與同室的人扭打，對公共空間裡聊天的人甩巴掌。據說如果再繼續下去，就要被趕出去了。但是把她帶回家也照顧不來，家人戰戰兢兢。」

「你這麼一說，我也聽說不少老人在醫院對醫師和護士爆粗口。」

「我就說嘛。」

「但是，什麼樣的人老了會變成那樣啊？」

她興致勃勃地問道。

「這種事，只有到時候才知道。因為有的人本來就固執逞強，但是聽說也有本來明理懂事、不會添麻煩的人呢。」

「是哦……也就是說，人人都有可能變成那副德性嗎？」

「沒錯，所以才麻煩呀。」

「的確是。」

如果與好色老頭和暴力婆婆相比，我家老爸在家中大聲咆哮，老媽說話苛薄、不願低頭的態度，現在都還只是序曲。

如果他們被醫院或長照機構趕出來，家人才真的要求告無門呢。

我這個二十幾歲時認識的朋友，曾經分享過夢想、戀愛、工作，真沒想到今天會與她聊起這種話題。

「我們要互相警惕，不要變成好色婆婆。」

「我們倆應該沒問題吧。」

「難說，也許自己都沒察覺到情慾大爆發哦。」

「討厭！你饒了我吧。」

最後笑著掛了電話。

地獄的場景也有貧富之別？

「我母親上個月過世了。」

在商場購物時，以前交換過長輩情報的老同學向我攀談道。

「啊……請節哀。」我低頭道。

「沒事、沒事。倒是你家怎麼樣？」她一臉愁容地反問。

「我記得伯母住在醫院不是嗎？」

「對，叫她別逞強，她硬要去院子除草，跌了個四腳朝天。壓迫性骨折的尾椎已經好了，但是住院期間，失智症大幅加重。」

「原來如此。」

「我是全職工作，沒辦法在家裡照顧她，正在到處尋找她出院後可以入住的老人安養設施，所以她走了，我反而鬆了一口氣。偷偷跟你說，安養院的入住費每個月二十萬呢。我媽只有國民年金，每個月至少得用掉十五萬上下的存款。她住院時看著提款紀錄就頭疼。」

原來會這樣。

「一個月十五萬實在太辛苦。」我忍不住點點頭說。

「就是說嘛。一年約一百八十萬，五年九百萬，十年一千八百萬。我媽的存款用完之後怎麼辦？我光是存自己的養老金就已經很勉強了，即使是親生母親，我也不想負擔這筆花費。事實上，我聽說也有人因為長照而破產。」

除非是富裕的資產家，小老百姓的口袋深度都差不多。

「長照破產啊……錢的問題真的很迫切啊。」我不禁想到了兩老的臉。

為了到時需要，我研究了附近安養機構的入住條件和各項費用等，一種稱為「特養」的特別養護老人院，入住費用大致可配合收入，但是不出所料，幾乎沒有空位，人家說入住比中樂透還難。

除特養之外，雖然多少有些不同，但行情如我同學所說，都在二十萬上下。如果用入住者本人的年金或存款支應的話還好，如果不行，就很難不花到子女的錢。

「我家爺爺從年輕時就是個日光族，如果不把爺爺的房子賣掉，就籌措不出安養院的費用，但是，這一帶的土地價格只跌不漲。而且土地在爺爺名下，他失智症無法簽名。即使是親生兒子，也沒辦法隨意處理。以後不知還要活多少年，他如果不早點過世，我都快撐不下去了，這不是開玩笑。昨天，一想到爺爺安養院的費用就失眠了。」

這種案例不勝枚舉。

大家可能會罵，哪有人咒父母親快點死！但是，長照費用的影響可能波及到子女或孫代，入住安養院的時間越長，就有可能威脅到子女輩的生活基礎，所以不能說那些冠冕堂皇的話。

我家附近經常看到一個打扮邋遢的老先生，每天——而且長時間地四處徘徊。

可能重聽相當嚴重了吧。他搖搖晃晃地走在路當中，即使對他按喇叭，他也沒有察覺的樣子。

「那個老先生的家人想把他送進機構，但是經費不夠。」

「我是說，家人知道他在路上徘徊，為什麼裝作沒看到？」

「我聽人說，有時候他會對著路人說：『肚子餓了，能不能給我點吃的。』看不下去的人就打電話給市公所或派出所。」

聽到這種故事總是感到很難過，因為最後還是錢的問題。

「一名八十多歲男性，於今天上午十時左右失蹤。身高一百六十公分，體形瘦小，穿著灰色上衣與褐色長褲。若有人發現，請與附近派出所聯絡。」這類鄰里廣播也是稀鬆平常。

全國各地到底有多少老人因為在外徘徊而失蹤呢？

然而，在我返鄉定居的地區，安養設施比較多，所以現在只要多想想辦法，都能找到入住機構。只是，相對於高齡者人口，機構較為不足的地方單位，即使有錢，也未必找得到可入住的設施。

況且，長照中心的人力也越來越不足，即使登出徵才廣告，低薪的條件也很難有吸引力。

高齡者入住機構問題與長照人才不足的問題，對我們這個長壽國家而言，是個刻不容緩的問題，儘管如此，想找到解決的方法卻沒那麼容易。

依據厚生勞動省[2]（二〇二一年七月九日公布）的資料，二〇二五年，全體嬰兒潮世代，約有三十二萬人進入七十五歲以上的後期，到二〇四〇年時約有六十九萬人，非常缺乏照護的人才。當家中照護出現困難時，或是找不到可入住的機構、可幫忙的照護員時，這些高齡者到底要由誰來照顧？

它已經是不能置身事外的大問題了。

不只是父母輩，等到自己年老，自立生活遇到困難，比如失智症加劇臥床不起，或找不到照護機構，或是存款耗盡……究竟該怎麼辦？

想到自己年老後的問題，我便擔心到難以入眠。

2 相當於衛生署。

第2章

極度與世隔絕的姨父母事件簿

被檢舉才知道無照駕駛半年

結束日常的晨跑，淋浴，上午十點多正準備開始工作的時候，手機來電，是一支沒有登記的電話號碼。

會是誰呢？

我納悶著接起電話。

「喂。」

電話另一側響起陌生的聲音：

「不好意思冒昧請問，你是××貞吉先生的外甥女吧？」

「對，沒錯。」

「我是××保險公司的S。」

保險公司……不祥的預感加速了我的心跳。

姨父姨媽夫妻八十九歲，膝下無子，前幾天才與大哥大嫂談到「讓他們把駕照繳回去比較好」。

「現在，我在C銀行的停車場。由於我們公司的保險客戶擦撞到正在停車的貞吉先生的車。我趕來時聯絡了警方，警察也來了……」

從狀況察知，並不是姨丈撞到別人……不過從這個人的口吻，似乎有事故爆發的味道。

「那，我姨丈……」

「是，其實是他的駕照已經失效。」

嗄……嗄……我不禁傻眼。

「你是說，他沒有更換新駕駛，卻還在繼續開車嗎？」

「是的。不過，我們不論怎麼問，他只回答：『不知道欸……』您的姨媽則說：『我什麼都不清楚。』我們和警方都不知道該怎麼辦……」

天哪！我在心中尖叫。

「你是說C銀行的停車場嗎？我立刻過去。」

擱下工作，我急忙趕到現場。

擦撞到的車只有刮痕的程度，所以只打算低調處理（姨丈本來就無照駕駛，這根本不算什麼），最後在雙方合意下解決了。我暫時將姨丈姨母載回他們家，再回C銀行的停車場開自己的車，帶兩人到警察局。

「應該有收到駕照更換手續的通知吧，為什麼沒去辦手續？」

「唔……不知道為什麼會這樣。」

「無照駕駛如果引發人身事故，保險也不能給付哦。」

「是哦……」

不論怎麼問，都得不到確實的答案。

在警察局辦手續時，兩人也只是發呆，一副與我無關的樣子，然後突然站起來，說：「我去廁所。」

辦完各項手續回到姨丈家，要了車鑰匙，立刻去辦理報廢手續。

我以為這樣就告一段落，但事情沒那麼簡單就結束。

「還有汽車保險也必須解約，保險單放在哪裡？」

「保險……我沒保啊。」

「我想應該不可能沒保哦。可能是透過認識的業務員，或是買車時的公司……」

問姨媽，她也只會回答「我什麼都不知道」。

「保險啦、稅金啦，一年都會通知一次哦，那些重要的信件都收在哪裡呢？」

「……不知道在哪兒。」

無關緊要的廣告郵件都隨意丟在客廳裡的某個盒子裡，但是其中沒有任何重要的信件。

「那麼，可以讓我看看存摺嗎？如果是自動扣繳，就能知道保險公司的名字了。」

我以為他會抗拒，但我才一問，姨丈就把隨身攜帶的手提包塞給我。打開一看，有印鑑、個人編號卡[3]、幾本銀行與郵局存摺——簡單說，就是姨丈的所有財產。

在警察局突然站起來去廁所時，他就把這包包留在長椅上，所以我提醒他說：「姨丈，就算是在警察局，也不能把包包丟了就走啊。」

真傷腦筋。「該不會姨丈平時就把印章和存摺帶在身上吧？」

查對年金匯入的C銀行帳戶存摺，發現每年四月會匯一定款項到「SONPO JAPAN」，從金額推測，一定就是汽車保險了。

但是，他不知道保險單的去處，也不知道分行或業務員的名字。我判斷只能靠自己想辦法找出來。先打電話給經營保險經銷商的老同學，請他幫忙查詢，總算暫時解決。

但是，這裡又發現了新的狀況。

---

3 相當於身分證。

「這本存摺還在用嗎？」

打開另一本C銀行的綜合存摺，餘額只有三千圓左右。仔細一看，它似乎是電費、瓦斯費、水費、NHK、NTT等公共資費與固定資產稅等自動扣繳的專用帳戶，而年金帳戶每半年會匯一定金額到這個帳戶來。

只是……近一年來，並沒有匯入的跡象。

也就是說，這一年多的期間，不但是駕照更換手續，連日常生活不可缺少的繳費，很可能都沒有能力管理。

「這個帳戶的餘額只剩下三千圓，照這情形，這個月就會扣繳失敗，很可能停水停電哦。」

我把存摺餘額指給姨丈姨媽看，姨丈宛如與己無關地說：「哦，是嗎？」姨媽則說：「這些事阿姨都不清楚欸。」完全不明白事情的嚴重性。

「請把金融卡借我一下，我馬上去附近的ATM匯款。」

「金融卡？沒有那種東西。」

他給了個驚奇的答案。

「就是那種不去銀行窗口也能領錢匯錢的卡，不可能沒有吧。」

我慎重地再問一次。

「姨媽姨丈都不會用那種東西，所以沒有辦。」

「也就是說，你們一直都到銀行或郵局的窗口去領嗎？」

「是呀。」

「但是，有卡就能在附近的ATM領了呀。」

現在這個世道，竟然還有人沒有金融卡。

不只是驚訝，我根本傻住了。同時也想起年金支付日，銀行或郵局裡擠滿高齡者的畫面。原來是這個緣故啊，我不禁嘆了口氣。

不行不行，現在沒有那個閒功夫聊這種事了。廢棄車輛之後，未來這兩老領錢時，都得由我帶著他們到銀行窗口去領。光是老爸老媽已經搞得我團團轉了，還得照顧這兩位老人嗎？

何止是嘆氣，我的頭頂都快噴火了。

如果這兩老無法親自到銀行窗口，哪天要長期住院、入住安養機構需要整筆現金時，他們知道除非本人親自到銀行，無法領出這麼多錢嗎？到了那種時候，又該怎麼打算呢？

我猜他們什麼打算也沒有吧。既然了解了狀況，我就不能放著不管了。

「星期一一大早我就去銀行，把錢存入這邊的扣繳專用帳戶，幫你們兩位都申請金融卡好嗎？了解嗎？」

金融卡放在我這邊，萬一有事，我至少可以替兩人領錢。這個世上有幾個人能墊付得了姨丈姨媽的住院費和養護費用呢？至少我沒那個能力，也沒打算這麼做。

不過，餘額只有三千圓，還有沒注意到的事嗎？

隱約感覺還有事尚未解決——我又把姨丈的存摺翻開看了一下，發現每個月都有扣繳手機的通話費……

「姨丈，每個月都有扣繳手機通話費，你有手機嗎？我沒見過你用手機耶。」

「手機啊。我好像有一支，不過不知道丟到哪裡去了。」

好像？這是怎麼回事？

「好幾年前，在朋友建議下辦了一支。可是我不會用，所以一次也沒用過。」

姨媽也彷彿與己無關的樣子。

「也就是說，沒有用手機卻一直繳通話費？」

我代替不靠譜的姨丈姨媽，在充斥古董舊物的客廳，也就是姨丈當木工時使用的作業場地，我足足搜索了三十分鐘，終於在工具箱裡發現了未拆封的手機。

接到保險業務員S先生的電話，衝出家門是上午十點多。在C銀行停車場和阿姨家來回兩趟（第二次去程還徒步去取自己的車），之後上警局。結束各項手續回到家，在喊著「肚子餓」的姨丈姨媽吃午飯時，處理了車子報廢和汽車保險解約手續……正以為大功告成時，又發現金融卡與手機的問題。

滿布灰塵的時鐘指著快到下午兩點，瞄了一眼悠閒喝茶吃仙貝的姨丈姨媽，我嘆口氣說：「我還沒吃午飯呢。」

星期一，一大早就把這兩位帶去銀行，結束各項手續後，即使直接到電信公司去，大概半天也泡湯了。

存摺，在。印章，在。個人編號卡，在。手機，在。確認好手續需要的物品，拖著疲憊的腳步，我離開了阿姨家。

填寫二十四份文件的窘境

沒有更換駕駛執照，忘了有沒有加入汽車保險，也就是說，可能連醫療保險和存款也不在掌握中。

「像是火險、醫療保險等重要的東西，必須全部收在確定的地方才行，以免萬一需要用到。你記得放在哪裡嗎？」從電信公司回到阿姨家的時候，我問道。

「保險……我沒有保險。」答案果然不出所料。

「我想應該不會沒有保哦。」

我的反應和汽車保險時一樣。

「火險你知道嗎？就是預防發生火災時，或是遭受地震颱風破壞時保的險。」

「我懂啊。」

「真的沒有保嗎？」

「沒有保。」（後來從每年寄來的通知得知，他們加入了農協的火災保險。）

「真的嗎？可是，如果這棟房子發生火災怎麼辦？姨丈姨媽連住的地方都沒有了呀。」我邊說邊想到，光是嘴上說說也沒有用。

「那麼醫療險呢？你們總會因為生病或受傷住院吧？」

好不容易喚起了他們的記憶。

「我沒住過院。」姨丈的視線游移著。

「真的沒住過？」

我把目光轉向姨媽。

「我想你姨丈是沒住過院。」

又來了。現在不是閒聊往事的時候吧。

「也就是說，如果住院或是手術，都要全額自費嘍。」

「也不用非去醫院不可。」

「當然不用去是最好，但是有時候是不得不去的呀。像是摔倒受傷，或是肚子痛，叫救護車送醫等等，都有可能必須住院。」

我試圖保持冷靜，但是聲調卻越來越高。

「姨媽呢？姨媽也沒住過院？」

「我好像有加入郵局的保險……」

不要再說「好像」可以嗎？

「那保險單呢？收在哪裡了？我想確認一下有什麼樣的附加條款。」

「保險單……姨媽對這些事都不清楚，下次去郵局時再問問櫃檯小姐好了。」

問她也不知道啦。

我突然覺得兩腿發軟。

這對夫妻，沒救了。就算是年紀再大，他們也太沒有管理能力了。

只是既然頭都洗一半了，現在也沒道理丟下事情自己落跑。

我開始整理放在客廳裡的盒子，一面說：

「如果市公所啦、銀行、保險公司等寄來重要的文件，就全部放在這裡面哦。我來的時候比較好找。還有，你知道哪家銀行存了多少錢嗎？我只是打個比方，如果引起火災，燒掉了這房子，或是地震時把房子搖垮了，你們必須知道去哪裡辦什麼樣的手續。」

我想提高他們的危機感，不過看來也是無用。

姨丈歪著頭發呆，而姨媽也是奇葩，她又若無其事地說出吃驚的話：「信用金庫辦了兩個單位的定期存款吧……還在繳就是了。不過在哪個分店買的，我不記得了。下次信用金庫的先生來收錢時，再問他看看。」

「收錢？您是說，在沒有外人在場時，跟你們兩位進行金錢往來嗎？」

「對呀。每個月信用金庫的先生會戴著白色安全帽，騎機車來收錢一次。」

騎機車來呀、戴著白色安全帽呀……我問的不是這些。我無法相信的是，現在還有用收錢方式進行分期存款的行為（有些地方還保留著這種風俗）。而且，怎麼會把錢交給連哪個分行都不知道的先生啊？

我並不是擔心信用金庫收錢的人心懷不軌，但是每次聽到新聞說「某人因長年盜用顧客存款被捕」時，總覺得不可思議，這種事怎麼可能發生呢。不過遇到姨媽這樣的對象，恐怕是輕而易舉吧。

「找到證書就知道是哪個分行了嘛。能不能讓我看一下？還有，那位收錢的先生，有沒有名片？」

姨媽從臥室抽屜取出證書給我，狐疑地說：「好像還有另一張。但是只找到這一張。」

「總之，千萬不要把存摺和印章擺在一起，或是隨身攜帶，萬一掉了或是被偷了，後悔也來不及。還有，除了在銀行櫃檯前，不要進行金錢往來。新聞裡經常說，壞人會喬裝銀行員或郵局職員盜取老人的錢。」

我提醒他們小心，兩人都誠心地點頭稱是，但是到底是真懂還是假懂，就很難說了。

過了兩天，我開車載著姨丈姨媽到位於市中心的信用金庫分行。

小額定期存款全部解約，全部匯總到總行的綜合帳戶……聽起來簡單，其實又是件苦差事。

在分行才知道，除了有證書的兩單位定期存款外，還有八筆小額定期存款。

「八筆？」

我的回答不覺洩露了心中的驚訝。

「姨媽，她說除了這些還有八筆。」

「嗄？真的嗎？」

到底是多遲鈍的人，對自己定期存款的金額沒有概念，卻還能如此悠哉？

為了解約這八筆小額定存，先用個人編號卡確認本人之後，必須填寫八份證書的掛失單、重發行申請、解約書，總計共二十四份文件。

「本人只要寫名字就好，其他住址和電話號碼，可以請外甥女代勞。」說得倒輕鬆，你自己來寫寫看嘛。話雖如此，還是非寫不行。

寫就寫吧……

我在心裡嘀咕著，專心地寫起二十四份的地址和電話號碼，然後交給姨媽簽名。

九點銀行一開門，就趕到第一家分行，途中在便利商店借廁所，到第二家分行完成所有手續時，已經過了中午時分。

「肚子餓了。」

「家裡有竹筴魚乾，中午就配魚乾吃吧。」

兩個老人還是一如既往的悠哉，我把他們送回家時，姨媽突然開口說：

「以前有個人手上沒錢付款，就拿了十萬塊硬幣放在我這兒，現在收在二樓衣櫃裡，那些錢還能用嗎？」

姨媽說的應該是姨丈以前做工時的工資吧。

如果沒聽說這一件事，等他們過世之後，十萬塊的硬幣肯定會連同衣櫃一起丟棄吧。

「真的嗎？趁還記得的時候，趕緊找一找吧。」

「可是，衣櫃前面堆了棉被和其他雜物，門打不開了哩。」

這一棟木造房子是昭和二〇年代（一九四五～五五年）後期的舊屋擴建而成，到處塞滿了收藏的老古董。距離人們所說的垃圾屋僅有一步之遙。

「要不然，我上去看一下吧。」說著，我走向二樓。過去姨丈姨母作為臥室使用的四坪大房間，堆滿了棉被和不穿的舊衣，根本沒辦法走到衣櫃前。

「我看今天沒辦法找了，下次整理二樓時再找吧。」

我留下這句話，離開了姨媽家。但是，又對自己吐槽：

「下次是什麼時候啦？」

當事人自己渾然不覺困擾

汽車保險解約與小額定期存款合併作業都還只是序幕，姨丈的失智症繼續發展的話，在必要的時候，很可能他已經無法在重要文件上簽名了。我把這種事態出現前必須做的事，一項一項地列在筆記上，依序處理。

首先是聯絡地區總括性支援中心，申請長照評估手續。

只不過，這兩位長者比我家兩老更費事。

「其實，我們接到民生委員的聯絡，也上門訪問過好幾次。但是他們說並無任何不便，夫妻兩人生活也沒有問題，怎會知道問題這麼大條。」

地區總括性支援中心的長照支援專員前來進行評估面試時，向我解釋道。

如果當事人連自己忘了什麼都忘了，沒有這方面困擾的認知，就無法客觀地掌握自己置身的狀況。

果不其然，面對任何詢問，姨丈姨媽兩人的回答都是：「沒有什麼問題。」

只是，就在此時發生了一個小意外，在某種意義上算是幸運。

在面談過程中，姨丈失禁了。

事前就聽姨媽說過，姨丈時不時會失禁，所以已先買好了紙尿褲。

「姨丈，你的褲子好像濕了。去廁所穿上紙尿褲，換件褲子吧。」

姨丈姨媽去廁所的空檔，我也像老爸媽面試時一樣，把留意到的事用A4紙寫成條目，交給專員。

「我沒有與他們一起生活，無法掌握到細微處。不過注意到的事都先整理出來了。」另外又在口頭上補充：「失禁好像是稀鬆平常了。不論我什麼時候來，問什麼，姨丈都在發呆。」

「是嗎？開始失禁的話，失智症急劇加重的可能性很高。」

與專員懇談之時，姨丈姨媽回來了。

「上回面試時，您說貞吉老先生因為高血糖高血壓，醫生開了糖尿病的藥，現在有按時吃藥嗎？」

聽到長照支援專員這麼問，姨丈滿不在乎地說：「我沒去醫院了。」

姨丈有糖尿病這件事，令我大驚失色。

不只是保險和定存，連自己的身體也沒在管理了嗎？

但是，何止是驚呆，我已經到了想放棄的地步。

話雖如此，卻也不能丟下他們不管。

「姨媽，你知道姨丈糖尿病的事嗎？」

「知是知道。但是他自己說不用治了。」

這不是本人說不用治就不理的事情吧！

我知道姨媽從以前就是個從不管事、自己也做不了主的人，可是連老公的健康都這麼不關心……

「剛才您說容易口渴、身體疲倦，一整天昏昏沉沉是吧。一般認為糖尿病也是開始出現失禁或失智症症狀的原因，總之這件事很緊急，請盡快到醫院檢查。評估長照時，也需要醫生的診斷書。」

「好的，我立刻預約帶他去。」

我光是帶家裡二老去醫院就吵得不可開交，現在還要加上帶姨丈姨媽去……

這算是修行嗎?!還是懲罰遊戲?!

我忍不住仰頭長嘆。

後來，還有更多聞所未聞的大驚奇。

「一般生活中，還有沒有其他異常狀況？」

「吃飯的時候，他會出現尋找我過世婆婆的動作，像是問我：『媽還沒回來嗎』或是『叫我媽來吃飯』，我告訴他婆婆已經在墓裡了，想去掃墓嗎？他才會放棄說，既然不在就沒辦法了。」

姨媽突如其來的自白讓我傻眼。

「每天都會洗澡嗎？」

「還是每星期洗一次比較好哦？」

也就是說，他們曾有一星期以上沒洗澡。

我的眼珠差點掉出來。

去銀行或警局的時候，姨母三天都穿著同一件襯衫，因此混雜著汗臭味、失禁導致的尿騷味，與老人的氣味，我心想難道……現在總算真相大白。

「因為太麻煩所以不洗澡嗎？」

「因為我老公說他不洗，我一個人用一缸水也太浪費。」

果然是節約的姨媽會說的答案，不過今天我已經不知道嘆了幾口氣。

「姨丈沒有洗，姨媽也可以洗啊，如果嫌燒熱水麻煩，可以淋浴就好了。」

我插嘴說。

「我最不喜歡淋浴，如果不泡在浴缸裡就不像洗澡呀。」姨媽不以為意地說。

我不知道是姨丈姨媽本來的性格使然，還是因為怕麻煩，不管整個家還是身上穿的衣服，很明顯都不太打掃或洗滌，形成了一種負面的氣場。如果可以，實在不想靠近他們。但是我又必須照顧他們兩老，這種狀況長久下去，很可能產生厭惡感。

結束的同時，我預約了距離姨丈家五分鐘車程的診所，第二天帶他們兩人去。

「哇，從來沒來過這裡啊。」

車子停進診所的停車場時，姨丈大聲怪叫。

抽了血液和尿液，做了長谷川式失智症量表後，走進診療室。

姨丈心緒不定地說：「從來沒來過這裡。」眼睛骨碌碌地張望。

醫生說：「去年六月以前，你每個月都來呀。」

但是姨丈說「是嗎……」看來在他的腦中，已經失去這部分的記憶了。

「後來突然沒再回診，發生什麼事了呢？」

「發生什麼事了呢……」

「血糖和血壓高到這種地步，應該會相當疲倦，怎麼樣？有出現身體沉重，行動艱難這類的狀況嗎？」

「我也不知道耶。」

不論怎麼問，都只露出懵懵懂懂的表情。

「尤其是血糖，一般人的話已經到了住院等級，不過以他現在的狀態，住院的話，失智症可能快速加遽。先讓他按時吃藥，觀察一段時間看看，這樣可以嗎？」

「好的。」

在這個階段，恐怕也只能這麼回答了。

「還有關於長谷川式失智症檢查的結果，分數在二十分以下，就判斷為失智症，而貞吉先生只有八分，所以算是相當嚴重了。」

嗄，八分！

醫生用數字顯示，才知道姨丈的失智症進程嚴重到什麼地步。

「其實，他在沒有更換駕照的狀況下，還開了半年的車。」

「是嗎？雖然我沒有決定權，不過從數值上和狀況上來看，應該是長照等級一或二了。請先申請日照服務之類的，幫助改善生活。」

「好。現在已經在申請長照評估手續，所以麻煩醫生開立診斷書。」

「沒問題。一旦市公所寄來文件，我會盡快把診斷書寫好寄回。」

如同之前所述，使用日照服務之類時，需要接受長照評估，並且在各項文件上簽名。照正常來說，姨丈出現失智症初期症狀的時候，姨媽若是自己不懂，就必須尋求諮詢，進行申請手續。但是卻一再拖延，所以症狀才進一步惡化。

「姨媽，你知道姨丈得糖尿病吧？」

回家的路上，我再次確認。但是她的回答依然是：「我是知道，但是他說不用去醫院也沒關係。」

「如果姨丈不繼續吃藥，失智症會更加嚴重，到時候可能連姨媽或他自己是誰都不知道呢。」

「真的哦……」

「就算姨丈不想就醫，姨媽也要幫他注意才行，因為這種事只有同住的人才會知道呀。」

我的口氣變得有點重。

「還有，醫生也說，不管你們想不想去，兩個人都一起去日照服務，他們也會幫你洗澡喲。知道嗎？」

我成了保母嗎?!

說給兩個老人聽的時間，我的太陽穴也因為煩躁而抽痛起來。

不能再拖拖拉拉了。

經過市公所負責人員的面談，完成長照評估之後，必須馬上就要與照護專員討論，開始尋找可接納他們的日照設施。

但是，每一個程序我都必須在場，代替姨丈姨媽看過文件，並以代理人的身分在所有文件上簽名蓋章，所以花在姨丈姨媽的時間，漸漸侵蝕我的生活。

我母親是個對所有事物都必須抓住主導權，否則死不罷休的人，而小她一歲的姨媽，卻對任何事都沒有主張。她們倆明明是同一個母親生的，也在同一個家庭、同樣的時代長大，性格卻截然不同。但從照護者的角度，兩人倒是都同樣的難纏。

「地址和出生年月日我來寫，姨丈姨媽只要寫自己名字就好。懂嗎？會寫嗎？」

我把坐在文件前開始打瞌睡的姨丈搖醒，把筆塞在他手裡，請他在姓名欄簽名。然後不斷地重複。

這段時間幾乎天天都體會到，儘管資訊科技發達，儘管有數位個人編號卡，但是在這世上還是需要簽名與蓋章。

戶長一直是過世的爺爺

今後，當姨丈姨媽住院時，入住安養機構時，我既然要以保證人身分簽署各項相關文件，就必須掌握銀行存款的金額，而且也必須能代替姨父母把錢匯入或領出。

「姨丈姨媽如果有個三長兩短，必須由我和我哥來照顧，或是辦各種手續，能把這個責任交給我嗎？」

向姨父母確認時，姨丈答道：「哦，好啊，交給你嘍。」姨媽也理解地說：「美喜子（姨媽最小的妹妹，七十五歲，化名）也經常對我說，最好早點辦好手續，把後事交給別人處理。但是，姨媽不懂該到哪裡辦什麼手續呀。所以，如果你和你哥願意幫我忙的話，當然交給你們了。」

話雖如此，這種事不能口頭約定就結束了。若要以後不引起糾紛，應該在專家的建議下，辦理正式的手續。

於是，姨丈姨媽、我和大哥四個人拜訪了代書事務所。

有關財產或遺囑等手續，一般人大多以後再說，但是，疏忽了這一部分，以後可能衍生出難以想像的大問題。雖然我們並不是資產家，但是關於金錢方面，還是早點釐清好。

這位代書是我高中的學長，他用姨丈姨媽也能聽懂的方式，詳盡地說明，得到兩人的認可後，又再淺白地說明我們需要辦理「任意監護契約公正證書」，以便在姨丈失智症加深，無法管理定存款或土地建築等，無法繳付公共事業資費或固定資產稅等時，將由我代替姨丈處理；另外再製作「遺言公正證書」，讓我們在姨丈姨媽過世後，繼承兩人的財產。

代書建議「那麼，為了了解貞吉先生與久子女士的家族關係，請將兩位的兄弟姊妹、姪甥等的親緣關係，做成一覽表吧」（姨媽是母親的妹妹，所以我與大哥瞭若指掌，沒有問題），但姨丈的家族，就完全不知道了。

「姨丈有幾個兄弟姊妹？」

「兄弟姊妹嗎……五個。」

這部分他還很有把握。

「能不能從最大的開始，告訴我們兄弟姊妹的名字？」

「名字啊……」說到這兒，姨丈的表情僵掉了。

「真受不了。你連兄弟姊妹的名字都忘了嗎？」姨媽說著，便告訴我們姨丈是五名兄妹的長子，除了他之外，其他四人都已亡故，再代替姨丈回答了姨丈姊姊、兩名弟弟和妹妹的名字，好不容易完成了一覽表。

但是，關於甥姪方面，姨媽含糊地說：「好像大概有十個人吧。」她說平時完全沒來往，已經多年沒見了。

接著，我希望各位回想的是日本漸趨嚴重的空屋問題。

我居住的鎮上也出現過因為法定繼承人不只一人而難以收拾，或是賣了土地，但籌不出整理遺物和房屋拆除費……情況各不相同，但是，到處都看得到搖搖欲墜的老房子，現在仍然無人聞問的空置。

不過，附近鄰居實在忍耐不下去。

二〇一九年九月，大型颱風侵襲房總半島，有些人家被吹落的空屋屋瓦打破玻璃，或傾圮的屋牆壓垮等災害，但是因為不知道空屋誰屬，只好用自己的保險抵付修繕費。這種案例隨處可見。

由於鄉下的社區窄小，附近的人當然都知道我們與姨丈姨媽的親戚關係。所以，一旦出事就來我家聯絡、詢問也是無可奈何的事。

坦白說，實在是麻煩之極。姨丈家的房子相當破舊，兩人過世之後，也不能繼續這麼擺著不理吧。

這裡提到錢好像顯得沒水準，但是不提錢無法說明繼承的問題，沒有什麼比錢的問題更重要。

如果是首都的蛋黃區，那就不得而知了。這裡賣的是千葉縣角落的六十坪左右土地，直接按公告價計算，一坪五萬圓，乘以六十坪，只有三百萬日圓。

而且，建築拆除費用的行情也是一坪五萬圓，所以，賣掉土地時，不僅籌不到遺物清理和拆除老屋伴隨的費用，自掏腰包的可能性更大。

儘管如此，姨丈姨媽過世之後，如果想要處理房屋和土地，必須取得姨丈家族所有甥姪的印鑑，而且這些人住在哪裡都還不知道的狀況下，誰會有興趣自討苦吃呢？

為了避免這種狀態的發生，就必須事先在公證處辦好確認繼承人的手續。

不過，要辦理法律手續，就需要印鑑證明、戶籍謄本等各式各樣的文件。

而準備這些文件的，並不是姨丈姨媽，而是我。

好，我會。我會準備啦……

但是這對夫妻做任何事，需要的時間都是別人的數倍。

舉例來說，出發到公證處時，需要姨丈姨媽的印鑑證明和戶籍謄本、擔任任意監護人的哥哥與我的印鑑證明和戶籍謄本，進而還有試算土地建物資產價值用的登記簿……

「登記簿和印鑑登記卡收在哪裡？」

「不曉得在哪裡啊……」

完全不像話。

腦中響起運動會接力比賽時經常聽到的〈天堂與地獄序曲〉，瞥了一眼休閒喝茶的兩個老人，我便展開大搜索。

重點式地在佛壇下、姨丈用的作業機抽屜等處搜索，但是儘管清出一大堆舊信封、破爛的筆記本和沒水的筆等廢物，最重要的登記簿和印鑑登記卻是怎麼也找不到。

難道又要白忙一場了嗎？

空虛與惱怒從心底湧出來。

但是再生氣也沒有用，於是轉換情緒，把兩人帶到市公所說明原委後，申請姨丈姨媽的「印鑑登記證掛失申請」、「印鑑登記證重發申請」、「印鑑證明申請書」與「戶籍證明書等各類請求書」等等文件共計七份。

加上我自己的「印鑑證明申請書」與「戶籍證明書等各類請求書」，共九份。當然，填寫的人不是姨丈姨媽，而是我。

這兩星期之間，到底寫了多少次姨丈姨媽的地址和出生年月日啊！

不論是醫院、銀行、公所，如果辦我自己的事，只要幾分鐘就能完成，但是帶這兩位去，一轉眼半天就沒了。而且中途還會有「我想去上廁所」等狀況，很難按照預定計畫結束。

更出乎意料的是，在搜索登記簿時找到了固定資產稅的繳款通知書，打開一看又是一驚。雖然土地在姨丈貞吉的名下，但是建物卻是在「××米吉（姨丈的父親，化名）」的名下。

「米吉是已經過世的爺爺嗎？」

我才剛問，腦袋就疼了起來。

「這裡寫的是米吉先生名下。爺爺過世時沒有辦理變更名義的手續嗎？」

儘管問了出口，我也知道不會得到期待的答案，但是這件事很重要，還是不得不問。

「不知道耶……」

這個回答果然不出所料。

如果在沒有辦理變更名義手續的狀態下姨丈過世，之後不知道手續得追溯到多久以前呢……光想就感覺害怕。

實際的名義人是誰呢？與代書討論後請他調查，原來土地確實在姨丈的名下，但建築一直維持著昭和二十年代，戶長米吉爺爺興建時的名義，並沒有反映擴建之後的所有權。

米吉爺爺過世之後，五、六十歲的姨丈看到每年寄來的固定資產稅繳款通知書時，難道都沒有想法嗎？再說，擴建的時候，為什麼沒有辦理這個手續呢？到了這種地步，已經不是用失智症狀就可以交代過去的了。

我委託他立刻辦理變更名義的手續，但是必須先向法務局提出現存建物的正確平面圖，和家中各處的照片證明它是一間房屋。

既然插手幫忙，我自然會幫到底，儘管如此，還是忍不住問自己：為什麼我非得幫到這個地步……算了，再麻煩難搞的事全都一起來吧，反正我不只是不想管，根本是想隨便它去啊！

於是到了測量當天，親自出面，並且擔任屋內嚮導的人，當然還是我！在現場，看著四處都是廢棄物品沒有立足之地，而且滿布灰塵，連我這個外甥女都猶豫要如何進入，卻又得帶著測量員進屋，這情況讓我既羞愧、難堪又抱歉，心中鬱鬱難平。

一大早就與代書事務所的職員一起在姨丈家外面繞一圈，開始測量外牆……不但雜草叢生，還堆放著積水的鐵桶和花盆，儘管在手腳噴上除蟲噴霧，但是短袖下的手臂都成了蚊子的美食。

如果有生產性倒還好說，沒有比費時耗力收拾善後更無意義的事了。到底什麼因果報應，讓我延後自己的工作，為姨丈姨媽忙前忙後。都來到這步田地，我也不知道該怎麼辦才好。

走上擴建部分的二樓，堆積如山的棉被和衣物，只要稍微動到，即使戴著口罩還是刺得鼻子發癢。

「對不起，房子太髒了。」

我向測量員不知道說了幾次抱歉。

半天時間的測量結束，送走測量員後，我也回家了。但是全身奇癢難耐，脫下牛仔褲一看，膝蓋以下竟然冒出一粒粒紅斑點！

難道是……跳蚤！饒了我吧！

我快速沖洗身體，然後從脖子到手臂、兩腳各處塗滿止癢軟膏。

必要文件收集齊全，在兩名代書的見證下，終於在公證處完成「任意監護契約公正證書」與「遺言公正證書」以及確定日期，但是不用說還需要簽名與蓋章。

在公證人質詢的過程中，姨丈不時表示「想去廁所」，也多虧了眾人善意包涵。當然這不是什麼值得慶幸的事。

姨丈姨媽麻煩事件簿，日後還將沒完沒了地繼續下去。

疫苗接種又是個苦差事

新冠疫苗的接種，到了第二次、第三次終於能順利地預約到了，但是二〇二一年黃金週結束，繼醫療人員之後，按順序開始高齡者的疫苗接種時，不論用電話或網路預約，都需要耗費相當的勞力，相信大家都還記憶猶新。

由於必須預約老爸媽和姨丈姨媽四人份的疫苗，在接種券送來之前就戰戰兢兢。地方發行的日報刊出「不需前往大規模接種會場，可就近在診所接種」的報導，自己什麼事都做不了的老爸，卻要求特別多：「我不想去太遠的地方，在附近醫院打就好了。」

於是，一方面登入自家附近的醫院網站，一方面卻藉由慢跑時順便繞到市內的診所，查看「疫苗接種相關通知」。

於是，自日報登出報導之後，醫院以詢問電話湧入影響診療為由，採取發號碼牌的方式，請民眾按號碼牌上的日期再次上門預約。

反正再心急也沒有用。在通知會發放號碼牌那天早上七點多，我慢跑順便經過附近的S診所前，雖然距離開始發放號碼牌的八點半，還有一小時以上，但門口已經排成長龍，而且幾乎都是老人。儘管通告那天只發放三十張，但是隨便目測一下，排隊人數應該都有兩倍以上。

慢跑快結束的八點半多，經過T醫院前時，那天的號碼牌已經發放完畢，一個老先生氣得大罵：「我從一個鐘頭前就開始排隊，為什麼拿不到！」另一個阿姨眼中帶淚地說：「我的腳不好，明天還得來排嗎？」

儘管如此，站在醫院的立場，也只能秉公處理了。

因為萬一傳出「T醫院只要再三拜託，就能通融」的謠言，那可就吃不完兜著走了。

疫苗接種才剛展開就近乎失控，取得四人份的預約究竟得要等多久呢？沒想到，第二天還不到八點半經過T醫院時，竟然看到只有幾個人在排隊。「該不會現在去排也能領到號碼牌？」向醫院職員詢問，對方說：「今天還有十幾張可以領哦。」聽了我心裡忍不住喊了聲Yes！時機來得剛剛好！

終於順利獲得四張號碼牌了。當天下午，按指定時間再次前往T醫院，於是老爸老媽與姨丈姨媽分兩天各別預約成功，通過第一階段考驗了。

「我預約了×月×日下午×點，所以當天二十分鐘前就要出發哦。預診單我會事先填好。當天量好體溫，簽名，只要帶健保卡和用藥手冊就行了。」

經過一再說明，先把老爸媽帶到醫院去。

在櫃檯交出預診單和健保卡之後，小姐提醒「那麼，請給我姓名和出生年月日」，然後在名冊上查證，就這麼幾分鐘時間，老爸就開始抱怨：

「我腰痛，站不了啦——」

儘管工作人員出聲安撫：「馬上就會叫到您了。」

「我腰痛，我腰痛。」

老爸還是不顧周圍的眼光，不斷吵鬧。

如果你以為難纏的只有我家老爸，那可就錯了。

當場也看到某個老先生既未填寫預診單，也沒有帶健保卡或個人編號卡來，給服務員添麻煩。而另一位老太太則是在預約時間的三小時前就來報到，一直催問：「還沒到我嗎？」

預約時，醫院再三叮嚀「請在來之前填好預診單，帶著驗證本人用的保險證和接種券，在預約時間十五分鐘前報到」，所以我了解醫院職員的辛勞，幾乎很想對他們說：「辛苦你們了。」

只是，與老爸媽和姨丈姨媽天天接觸之後，非常了解高齡老人根本就沒把別人的話聽進去，即使聽了也會忘記。他們又不耐等待，我行我素，不管別人方不方便，所以，遇到這樣的老先生和老太太，我早已免疫了。

我家老爸當然也是。接種之後，本來必須在會場停留一定的時間，但是他就開始煩躁：「要在這裡待多久啦。」

最後，他下令：「我腰痛，去給我推輪椅過來。」

「你能走路就自己走！」很多時候都想大聲頂回去，但是總不能讓老爸在會場裡大發雷霆。

只能在心裡暗罵「這個臭老頭」，然後快步走到醫院大門去推輪椅。

第二天，我提早三十分鐘去接姨丈姨媽，兩人還在悠閒地喝茶。

「我們要去接種疫苗，快點去換衣服吧。預診單我已經填好了。對，這裡寫上姓名，還有量體溫。確認本人用的健保卡，不要忘了帶哦。」

與這兩老相處時，如果不一再確認，都不知道會發生什麼事。

「你說的健保卡，是這個嗎……」

姨媽拿出的健保卡，上面寫著平成二十九年（二〇一七）。

「這張是舊健保卡，已經不能用了。市公所應該有寄來令和三年（二〇二一）的新證吧。」

「市公所？」

雖然我從容地提早了半小時，但一不注意已經快到預約接種時間了。我反省自己，前一天應該親眼檢查健保卡才對，但是連這麼基礎的事都要我照顧，實在令人絕望。

「對了，我記得姨媽你有個人編號卡吧。錢包讓我看一下。」

「個人編號卡……」

「不用問了，快一點。如果太晚到就不能接種疫苗了。啊。找到了，就是它。只要有這張就萬事ＯＫ，好，我們出發吧。」

「能不能先讓我上廁所？」

我的天！已經叮囑過多少次出發時間，廁所應該早點去吧。我硬忍下想吐槽的心情，靜靜等著姨媽從廁所出來。

到了注射現場，小姐問：「您的姓名和出生年月日？」姨丈表情呆滯地僵住：「出生年月日……」

「姨丈，您的生日是昭和八年九月的哪一天？」

我在姨丈耳邊小聲說，櫃檯小姐應該很習慣對面這樣的老人吧。

「好的，可以了，請往診間走。」

指引我們到進行問診的小包廂。

在診間裡，我也像背後靈亦步亦趨地跟著，代替姨丈回答問題。

接種之後的安靜時間，我看著姨父姨媽渾圓的背影，霎時，一個念頭掠過腦海。

我真的必須照顧他們倆到終老嗎……

但是另一個自己又在想，送他們回到家之後，就得開始搜找出本年度的有效健保卡，如果找不到，又必須前往市公所辦理補發手續——當然，是帶著他們倆一起去。

只是，姨父姨媽真不懂外甥女的心啊，這時竟聽到其中一人說：

「我要吃豬排蓋飯。」

「臨時想吃，去哪裡找啊？不過家裡有雞肉，親子蓋飯倒是可以做。」我說。

「親子蓋飯嗎……好吧，那也沒辦法。」

兩人依舊在車後座自得其樂地說個不停。

五斗櫃搜出大量百圓鈔

雖然把信用金庫的小額定存全匯到總行的綜合戶頭，但是除此之外，在C銀行和郵局還有幾個帳戶，所以我與姨媽上二樓，打開舊五斗櫃的抽屜，那裡塞滿了歷代的儲蓄存摺。

包含現在不復再見、印著老舊標誌的褪色存摺在內，竟然有五十本以上。

「舊存摺我晚點清理，只要留下最新、現在在用的存摺，統一放在一個地方就好。」說著我拿出整疊存摺，這時，抽屜深處的舊信封吸引了我的視線。

厚度大約有二公分吧。從破口的地方，隱約看到像是鈔票的東西。

老人大多少不了衣櫃存款。出生於昭和初年的姨媽，在衣櫃裡保管大量的現金一點也不奇怪。

「這個信封是姨媽的吧。好像放了鈔票。」

「鈔票?我不記得有這種東西。」

再怎麼問,姨媽也只是歪著腦袋說。

「可是,這怎麼看都是鈔票吧。」

正想著,厚達兩公分,有二百萬——不對,可能更多哦。

天啊,這是什麼!

褪了色的一紮百圓鈔,屏息等待著重見天日的一天。

自我懂事的時候起,百圓硬幣就已經通行,所以這疊鈔票藏在抽屜底部已有相當年代了。

「這是姨媽的錢吧?」

「是我的嗎……」

「可是,除了姨媽之外,不會有別人把錢收在這裡吧。」

「嗯,話是沒錯。」

「先拿出來數數看吧。」

於是當著姨媽的面，每十張一疊交叉堆放。

「一、二、三、四……九、一千。一、二、三、四……九、一千。」

即使如此，怎麼會這麼長時間都沒有注意到……我完全無法理解姨媽這個人。算了，這些話先擱一邊。

發表結果！

百圓鈔一紮一千圓共二十三紮多五張，也就是說總共有二萬三千五百圓整。

如果這是萬圓鈔的話……這念頭一閃而過時，覺得自己怎麼這麼無聊啊。

「姨媽，這該不會是您嫁過來時帶來的私房錢吧？」

姨媽似乎完全不記得了，但是應該就是這麼回事。

「這些錢這麼舊，在超市或便利商店也不能用，所以下次去銀行，把它存進戶頭吧。」

說到這裡，突然想起之前姨媽說過的十萬圓硬幣。

「對了，上次姨媽不是說有十萬圓硬幣收在另一個衣櫃嗎？乾脆趁此機會一起找一找吧。」

完了！話一出口，我就後悔了。

衣櫃的前面堆著滿坑滿谷的棉被和衣服，令人很想大叫：

之前過的是什麼樣的生活，才會陷入如此的狀態呢！

「這附近的東西得全部挪開才行。」

雖然我決定豁出去展開大搜索，但是塞滿四坪和室的廢棄物，不是我一個人可以負荷的數量。

額頭冒出汗珠，好不容易整理出走到衣櫃的空間。

不知為何，腦中響起了ULFULS樂團的搖滾樂〈Guts Daze〉。

如果翻箱倒櫃也找不到，最後就是一場空了。既然找下去了，當然一定要找到。不知是使命感還是逞強，一種難以言傳的情緒推動著我，朝著從未見過的十萬圓硬幣一股勁地進攻。就在這時——

「咦，這個是……」

我從二十幾歲穿過的格子外套和藏青色西裝等成堆舊衣，竟然就這麼露出頭來。

二十幾歲是個購置新衣不手軟的時代，當時住的出租公寓收納空間小，穿不下的衣服全都寄回娘家讓家人清理，沒想到竟然在姨媽家二樓度過了近四十年的餘生……我驚奇得幾乎快坐在地上。

如果姨媽的記憶有誤的話……

我並非沒有不祥的預感，但是找了這麼久才放棄，實在不甘心。

應該再繼續搜索下去，還是放棄？我猶豫著在無路的道上前進。

不知不覺，腦中音樂換成了ZARD的〈別認輸〉。

從側邊避開舊衣山，把棉被堆到一個角落，終於清出一塊可以打開衣櫃對開門的空間。

如果現在放棄，這座衣櫃的門大概永遠都不會打開吧。

加油！我心一橫便打開衣櫃門，探頭看看。

但是，裡面也是塞滿了密不透風的衣物。

一關才過又一關。老實說，我已經快累趴了。

「您記得大概收在哪裡嗎？」

我有些自暴自棄地問。

「我想應該在下面。」

有說等於沒說的回答。

既然這樣，那就孤注一擲了。我把手伸進塞爆的舊衣之間，探索衣櫃底部，但是不可能那麼容易摸到直徑三公分左右的硬幣。

看來還是無望……

正打算放棄的時候，指尖感覺摸到一個類似箱子的東西。

如果這次再錯，就真的決定放棄了。使勁拉出那個小箱子，打開蓋子一看。

哇噢！

寫著十萬圓的硬幣熠熠發亮，宛如今天才剛上市般。

「還好沒放棄，才終於找到呢。」我擦擦額頭上的汗。

姨媽貼心地說：「這錢是你找到的，就給你了吧。」——想也知道，當然不可能有這種事，因為她接著又若無其事地問：

「拿去銀行的話，他們會接受嗎？」

「會接受吧。只要不是偽幣……」話一出口，我立刻想到，我又必須帶著這兩位長輩到銀行，把二萬三千五百圓的百圓鈔紮和十萬圓硬幣存入帳戶，心情立刻跌入谷底——發現金額合計只有十二萬三千五百圓，我所耗費的勞力到底算什麼呢？

不會連內衣褲都要我幫忙買吧？

辦好了手續，決定一星期中的週一和週四兩天接受日照服務。好不容易等到第一天順利到來，我才鬆了一口氣，然而沒多久就接到機構服務員的電話。

「是不是惹了什麼麻煩？」

我誠惶誠恐地問。

「沒有，不是那方面……其實是洗澡的時候，要幫他們換內衣褲。但是久子女士穿的那種……大概叫襯褲吧……就是那種大內褲破爛不堪。」

「你是說內……內褲破爛不堪嗎？」

我反問的聲調比平時高了一音階。

「對，鬆緊帶周圍的布不是磨破就是泛黃……好像穿了相當多年……」

張口結舌都不足以形容這時的尷尬。

「她雖然是我姨媽，但是平時我們並不住在一起，所以也不曉得她穿什麼內衣褲。破損得那麼嚴重嗎？」

事態出乎想像，一時腦筋沒跟上。

「貞吉老先生因為已聽說他偶爾會失禁，所以內褲中間部分發黃可想而知。但是久子女士的內褲也是髒又破。」

「這樣啊……」

想來對方大概是看不下去，才打電話來吧。

實在太令人難堪了。

「我了解了。謝謝告知。我馬上去買新內褲。下次會讓她帶乾淨的內褲過去。說起來不怕你笑話，他們家裡已經快要接近垃圾屋的狀態，混亂的狀況就已經超出身邊親友的預料，但是沒想到連內褲都……」

我調整了情緒，思考下一步驟。

「不，是我們僭越了。但是想說還是向您通知一聲比較好。」

「謝謝你。以後若發現什麼狀況，也請多多告訴我，不用顧忌。我會盡可能改善。」

我拿著手機不斷地鞠躬道謝。

我的天，怎麼會這樣。

掛掉電話的同時，我把狀況告訴老媽，也就是姨媽的姊姊：

「剛才日照中心打電話來，他說久子阿姨穿著又破又髒的內褲。」

「又破又髒？你是說久子的內褲嗎？」

老媽難得地露出驚訝的神情。

「久子阿姨和貞吉姨丈今天開始去日照中心，但是他們這陣子因為怕麻煩，連澡都沒什麼洗，所以也申請了洗澡服務。結果對方說，姨媽的內褲又破又髒。你妹妹到底是過著什麼樣的生活呀，我都要照顧不來了。」

平時必然會反駁我的老媽也皺起眉頭說：

「生活上又不是過不去，真是丟人現眼。」

「我覺得這跟家裡有沒有錢或是年紀大不大沒有關係。很可能從以前開始，阿姨在生活上的一切事務，就相當敷衍馬虎。要不然，家裡也不會堆成垃圾屋，內衣褲也不用被別人指三道四。」

「你說得也沒錯……」

「我現在就去百貨公司買姨父姨媽的內衣褲，給他們送過去。」

「你有錢嗎？」

「這點錢我還有！」

我忍不住加強了語氣。

我飛車衝到百貨公司，心裡念著「襯褲、襯褲」，直奔平時絕對不會買的大內褲專櫃。

就像老爸壓迫性骨折時大嫂幫忙買的夜壺，二十一世紀的現在，幾乎沒有機會去買襯褲這種玩意兒吧。附帶說明，這裡說的襯褲，是沒有蕾絲或花紋、包覆到腰部和大腿根部附近的棉質寬鬆內褲。

這年頭還有在賣襯褲嗎……結果這擔心多餘了。襯褲尺碼齊全，從S號到LL號都有。也就是說，需求量還是有的。它用的布可以做多少條隔壁陳列的多彩性感T字褲呢？從用布量很難想像都是內褲。

而且，T字褲的價格還比較貴，這世道真是令人費解。我雜七雜八地想著，一面將S號的襯褲和短袖襯衣與緊身褲（現在叫內搭褲）各五條放進購物籃，接著再趕往男性用的內衣專櫃。

在那裡買了姨丈的短袖襯衣和細筒褲各五件後，又走向長照用品賣場，詢問是否有具備防水功能漏尿專用的內褲。

不過沒有找到想要的商品。

雖然不是第一次踏進這裡，但是尋找平時不會買的東西，占用了不少時間。

而長照用品賣場以前沒逛過，看到它占據相當大的空間，可以想見需求這類商品的人相當多吧。

儘管如此，誰能想像得到會有一天為了買襯褲和細筒褲走遍整個商場呢？

「我買了內衣褲各五套給姨丈姨媽，下次去日照中心時，記得要帶去。」

我在姨丈家客廳明顯的地方留了字條，總算結束了當天的任務。結果，把自己的時間挪去為姨父姨媽奔波的日子，並沒有這麼簡單就結束。

姨媽骨折住院，這下子誰來照顧姨丈？

姨父姨媽開始去日照服務已經三個月了，兩人的生活似乎漸漸出現改善的跡象，我也開始感到放心了——但沒想到，早上八點半，日照中心的員工打電話來。

「我們去接人時，久子女士好像摔跤沒辦法動了。」

前一天，我不巧吃了生魚片瀉肚子，拉得七葷八素。所以正在喝薑湯，打算「今天好好在家安靜地休息一天」。

雖然走起路來還有點搖搖晃晃，不過不能不去看看。我趕緊換了衣服，為了保險吃了正露丸後，開車到姨媽的家。

一問才知，由於姨丈失禁，她彎下腰擦洗尿濕的地板時，腳底一滑，背就撞到不知是柱子還是牆壁。

如果姨媽自己能走的話，我可以開車載她去醫院，但是，稍微動一下身體就大聲喊痛，所以這輩子第一次打電話叫一一九。

如果緊急送醫的話，我們不可能把已有失智症狀的姨丈一起帶去，或是把他單獨留在家裡，因此決定把姨丈送到日照中心去。

幾分鐘後，救護車到達，向隊員說明狀況後，等候決定運送的醫院。

還好之前接種疫苗之後，幫姨媽補發了健保卡。從她的皮包裡取出健保卡，鎖上門，開車跟隨救護車到運送地點T醫院。

一到達，醫護人員便說：

「病患家屬請在這裡等候。」

這一等就是一小時，然後主治醫師出來說明：「脊椎受到壓迫，骨折，必須住院一個月到兩個月。」

「等一下護士會告訴你住院注意事項，請稍候一下。」聽到他這麼說，不知是不是昨天腹瀉了一天，連我都有點昏昏沉沉了。

也許不太妙。

但是現在我不能倒下。

在自動販賣機買了熱蜂蜜檸檬水，喝下它讓心情平靜下來。

之後，依據《住院病患與家屬須知》的指引，板著臉地辦理各項手續，但是這裡的「住院、治療相關同意書」與住院時需要睡衣、毛巾的「用品租借使用書」等，都需要保證人簽名，而緊急聯絡人，當然都是我。

由於新冠肺炎的疫情關係，只有病人能進入住院病房。然而姨媽對這類事情一向生疏，只是不斷用渴望的眼神看著我：「你會跟著我到病房吧？」

「他們說裡面只有病人和醫院的人能進去。」我向躺在擔架上的姨媽說。

「這樣啊……」姨媽緊緊握著我的手，不願放開。

「護士她們也都很忙，你要好好聽她們的話，早點恢復哦。那我走嘍。」

我故意用直率的口氣說完，離開了醫院。

辦理住院手續的期間，一直掛心著姨丈的狀況。姨媽這部分全部交給醫院照顧，應該沒有問題。但是姨媽住院的期間，誰來照顧姨丈呢？其實這個問題才頭大。

我家裡有九十二歲與九十歲的老爸媽，如果把有失禁、妄想症狀的姨丈接回來住，不是我誇大其詞，很可能「最先一命嗚呼的是我」！

但是話雖如此，姨丈平時很少與親戚來往，想要找到照顧他的人談何容易。

「真的很抱歉，希望能盡快幫忙找到我姨丈可以入住的機構。」

我向照護專員解釋了現在的緊急狀態，懷著祈禱的心情等待聯絡。

等待的期間，我也到之前幫忙的日照服務機構，向姨丈告知姨媽住院的消息。

「姨媽今天早上摔跤，撞到了背部。用救護車送到T醫院去了。診察結果說她骨折，直接安排住院。所以，在姨媽出院之前，姨丈您可以待在安養機構裡吧？」

「都骨折了，那也沒有辦法啊。」

本以為他似乎能夠理解，他竟問我：

「那麼，久子在哪裡住院？」

這件事問了好幾遍。

「附近的T醫院。」

「T醫院啊……」

「是的，T醫院。」我接著又說：

「姨媽不在的話，姨丈一個人沒辦法料理三餐吧。姨媽必須住院兩個月，這段期間姨丈就住在安養院裡，可以喔？」

「可以是可以。久子也一起去嗎？」

「久子姨媽住院了，所以只有姨丈到安養院住。」

「那，久子住在哪家醫院呢？」

「附近的T醫院。」

「我也要去T醫院嗎？」

「姨丈去安養院，不是T醫院。」

跳針般的對話持續了好一陣子。

不管姨丈理不理解，反正安養院是住定了。

只是，不論哪裡的老人設施都在排隊，沒有那麼容易進去。如果找不到安置的地方該怎麼辦呢？我的胃開始絞痛。

就算在找到安置所之前只差兩、三天，把從前就處不來的姨丈帶回家，老爸很可能會爆炸。而大哥家正在照顧無法獨居的八十九歲岳父，也沒辦法再接納一個。

也許運用短期住宿、日照服務和看護員，勉強應付得過去吧……在等著照護專員聯絡的這一天，腦子裡的思緒千迴百轉。

好不容易，終於等到電話了：

「有一家附帶服務的年長者公寓表示，今天就可以入住。一個月的入住費要三十萬左右，您可以接受嗎？」

「今天就可以入住嗎？太好了，我們願意。」

聽到這個好消息，我當然立刻同意。

三十萬的金額對平民來說，當然是一大筆花費，但是現在已經不是講究收費高低的時候。畢竟現在是期望入住卻找不到安置處的狀態，光是今天就能入住這一點，就謝天謝地了。

「那麼，四點半，與本人面試，並且和保證人簽訂臨時契約，方便嗎？」

「當然方便。」

雖然心頭鬆了一口氣，但是卻開始頭昏目眩。

昨天腹瀉了一天，除了運動飲料外，什麼也沒吃。今天早上正在喝薑湯的時候接到了緊急電話，所以，今天一整天連個固態食物都沒吃。

再不吃點什麼，恐怕我就要昏倒了。我暫時回家，把冷凍的糙米飯煮成粥，打了個蛋進去。

我按照時間序列，向老父母說明姨媽住院了，找到安置姨丈的地方。不知哪根神經短路，老媽竟然若無其事地回道：「哎喲喲，真是辛苦你了。」分明是故意踩我的地雷。

我實在怒不可遏，但是現在沒那閒工夫跟老媽過招。

姨媽住院需要的睡衣和日用品等都已經完成租賃手續，但是姨丈沒辦法自己辦理入住需要的物品，在聽取設施人員的說明後，自己備齊帶去。最基本的像是今晚穿的睡衣、明天換洗的衣物、牙刷牙膏等，都必須準備。

吃下糙米粥，再吞了兩顆正露丸當保險，就開車到姨丈家。

在姨丈家打開放內衣褲的抽屜一看，竟找不到一件像樣的內褲，不是褲底發黃、鬆緊帶鬆掉，就是膝頭破洞。

「應該還有上次在百貨店買的內衣褲呀……」

走進平常不曾涉足的佛堂，裡面竟然堆滿了大量的袋裝點心（而且八成以上都過了保鮮期限）。光是這樣就已經夠令人驚訝了，還有多年前製造的水羊羹和綜合西點，可能中元節或年底別人送的吧。我三年前去沖繩買回來的禮品黑糖巧克力也原封不動地丟著。

而大量零食點心的旁面，是堆得更高更滿的姨父母衣物。

今天反正先從中拿一套像樣的衣褲，讓他帶去，明天再去買需要的件數送去就行了。

下午四點不到，與擔心前來察看的大哥，從日照中心回來的姨丈，一起等著安養院的人到來。

「姨丈，剛才也說過了，久子阿姨在T醫院住院，所以，今天開始姨丈就去安養院住下來，知道嗎？」

「既然都住院了，也沒辦法。」

雖然這麼回答，但我懷疑他真的知道自己身處的狀況嗎？姨丈拿起暖桌上的零食，喀嚓喀嚓地吃起來。

下午四點半，安養院長、照護士、幫我們安排的照護專員抵達。我解釋姨丈失禁的狀況，偶爾會妄想去世的母親出現等，便立刻辦理入住手續。

我們聽完入住的相關說明，大哥在保證人欄位簽了名。而身旁的姨丈卻半張著嘴，開始打瞌睡了。

「平常他並沒有大聲叫嚷或是粗暴的行為，都是像這樣安靜閒適的人，所以，應該不會對院裡造成麻煩。」

然後我把一天份的用品交給照護士，完成準備。

「好了，姨丈，要出發嘍。」

聽我說完，姨丈踏著輕快的步伐，坐進設施的車子。

打開冰箱全身僵硬

第二天，依據〈入住設施應準備之用品〉的清單開始籌備。睡衣三套、在院內穿著汗衫上下與內衣褲、襪子等另外添購，另外在衣櫥裡找到乾淨的開襟毛衣和背心各兩件，再搜齊茶杯等基本日用品後，帶到安養院。

只是，清單中的電動刮鬍刀，到處都找不到。

雖然心想直接用買的比較快，但還是透過職員問了姨丈。

「你姨丈說：不知道在哪裡。每個地方都有可能，看當時的心情而定。」

果真如預期的回答。

「看來還是用買的比較快。」

苦笑著前往附近的購物中心，買了電動刮鬍刀後再回到安養院。

猛一看，時間已經過了中午。

說起來也是無可奈何，但是昨天和今天，我自己的事一件也沒做，前天開始腹瀉，所以也沒有好好地吃一頓飯。

這幾天全靠著一股勁撐過去，但是身心都已十分疲憊。

話雖如此，還有很多非做不可的事。

從安養院回家的路上，衝進路旁的麵店，一面吞下蛋花烏龍麵，腦袋裡同時列出今天之內必須完成的清單。

首先，先打電話取消報紙續訂，結清本月份的報費。日照中心的費用也需要支付。姨丈服用的降血壓和血糖藥只到明天，必須趕緊去診所拿藥，然後再送到安養院去。

我的身體能夠支撐到任務結束嗎……

光是想到這個，就令我頭痛欲裂。

午飯後，本想喝杯奶茶稍微放鬆一下，但是還有件最後的大工程（清理姨媽家冰箱食材）在等著我。

之前已經說過很多次，姨媽家已經是接近垃圾屋的狀態。光是沒有立足之地的廚房，就是沒事別碰為妙。萬一碰了就會萬劫不復，所以一直以來，我都當作沒看見。

但是，這個家長達兩個月沒有人居住，總不能把食材丟著不管。而且明天是廚餘和可燃垃圾的回收日，今天之內必須將廚餘放進規定的垃圾袋，否則無法在明天早上八點前送到收集站。

好，那就開始吧。

掄起拳頭給自己打氣後，打開冰箱一看——

這都是些什麼啊！

當場，我整個人呆掉、傻眼、錯愕、語塞、昏厥……

不論哪個詞，都無法形容我所受到的巨大衝擊。

我傻在那裡，說不出半個字來。

想到我家老媽，是拚了命地採購，所以我家冰箱經常是爆滿的狀態；但是姨媽家完全不同……應該說是慘淡，還是怪異呢？看著難以形容的景象，我幾乎癱軟在地。

「他們真的在這裡生活嗎……」

「真的吃這冰箱裡的食物嗎……」

打開冰箱門的剎那，一股怪味撲鼻而來。從門邊架到冷藏室、保鮮室、蔬果室，只要是有空間的地方，都密不通風、毫無空隙的擺滿超市買生鮮品時用的半透明薄塑膠袋，不只如此，甚至是硬擠進去的狀態。

硬是擠滿塑膠袋？

聽我這麼說，恐怕也摸不著頭腦，那是什麼畫面吧。

簡言之，不管是牛奶也好、美乃滋也好，或是生鮮食品、吃了一半的巧克力……總之，所有的食材食品，全都裝在薄塑膠袋裡，直橫交錯地塞進冰箱裡。

別說不知道從哪裡開始著手，而是根本無從下手。

噁心的狀態讓我差點吐了。

我很想馬上逃離此地，但是，姨媽住院長達兩個月，實在無法這樣擱置下去。

幾秒鐘後，我拿定了主意，從最前面的東西取出來，看看塑膠袋裡有什麼……

我的天，為什麼不馬上用完，而要保存起來呢！

日期在半年前的雞腿肉，連同包裝的狀態下放在冰箱裡。

其他還有過了保鮮期、切了一半的魚板、竹輪、保鮮的炒麵等，這些都還只是開始——還有沒吃完的罐裝蜜紅豆，插著湯匙直接放進冰箱，表面已經覆蓋著白色的黴菌。

哦，我不行了！

不只是想吐，全身蕁麻疹幾乎都要發作了。

特別顯眼的怪象是……冷藏庫有一層架子，大量收藏了買生魚片或壽司時裝在小袋裡的附贈醬油、芥末醬，還有買烤雞附贈的醬汁等，這些也全部裝在薄塑膠袋裡，緊密地塞在整個空間。

姨媽心裡到底是怎麼想的？

到了這種地步，幾乎覺得我完全不認識她了。

如果我再默默地獨立作業下去，可能會神經錯亂吧。

我把瓦斯爐台、水槽四周、冰箱裡的景象全部拍照下來，作為下次長照評估的證據照片。然後把生肉、生魚、蛋、快腐爛的青菜等，最好立刻丟棄的食物，放進政府規定廚餘袋，盤算著明天一早拿到垃圾收集場，然後一溜煙地逃回家。

我把手機裡收集的證據照片，傳給大哥、表姊妹和最小的阿姨美喜子，大家皺起眉頭：

「這是什麼東西？怎麼會這樣……」

然後眾口一致地說：

「一個人沒辦法清理啦。」

星期天上午十點，全部共五名幫手在姨媽家集合，可能事前看過手機裡的證據照片吧，全體都自備了口罩、圍裙和橡膠手套、除菌噴霧和濕紙巾、抹布以及廚房用清潔劑、亮光劑和棕刷，以及大量的垃圾袋，準備得十分齊全。

只是，看到超出預期的慘況，隨時仍會聽到這樣的驚呼聲。

「啊！到處都是蟑螂的排泄物！」

「跑出不知道是什麼的東西。」

「髒到這個地步，真虧阿姨能忍。」

「就是說呀，能了解我不時就想尖叫的感覺了吧。」

「我懂、我懂。」

大家一起點頭。

「每樣都翻出來檢查太花時間了，只能全部都丟掉吧。」

「好主意，就這麼辦。」

大家開始分頭行動。

「廁所和洗臉台我來打掃。」

美喜子姨媽拿起抹布和水桶就往廁所走去，不時發出哀嘆聲：

「到底怎麼回事？這些髒汙怎麼看都不像是這一兩年才累積的呀。」

經過大約三小時，五個人各自專注地進行收拾——哦不，是廢棄作業。光是廚房、廁所和洗臉台，就用掉幾乎三十個四十五公升的垃圾袋，大約可以塞爆一整輛垃圾車了，所以早就超越驚訝、傻住的層次了。

「今天就先到這裡結束吧，我看再怎麼收也收不完。」

下午一點多，我出聲說道。

美喜子姨媽也棄守了，她說：

「是呀，髒到這種地步，非專業的人實在做不了。以後等久子姨媽夫妻過世後，再請業者來處理吧。」

媒體上經常報導的垃圾屋居民，竟然就在我們的親戚中……人家都說「現實比小說還傳奇」，果然一點也沒錯。

醫院的諮商員探訪垃圾屋

就在姨媽住院快滿兩個月的時候，醫院的諮商員打電話來。

「我們要和醫學療法師、照護專員一起去家中探訪，檢查是否有需要設置扶手和保持動線淨空，請外甥女陪同在場。」

我明白他們是為了檢驗姨媽出院後能不能自理生活……但是，姨媽家是個連家人都避之不及的垃圾屋。

「您們過來是沒有問題，不過屋裡到處都很雜亂，幾乎連站的地方都沒有……」

我含糊的解釋，聽起來像是藉口。

「沒關係。我們只是想在事前請你們清除危險，以免病人出院後再次摔倒骨折。」

對方說得確實合情合理……只是，我煩惱的是實在說不出「歡迎隨時到訪」這種話呀。話雖如此，總不能拒絕他們的探訪。

下定了決心（什麼決心啦！）開始戰鬥。

首先，把平時姨父母進出的門口處堆積如山、布滿灰塵的鞋子全部丟棄，安裝從家居用品賣場買的扶手。

現在姨丈住在安養院，我判斷姨媽恐怕沒辦法幫煤油暖爐補充煤油，所以在家居賣場買了葉片式電暖器放在客廳，換掉又髒又黑的廁所地墊和浴缸墊，在向陽的窗邊架設室內晒衣架。

開始收拾，確保客廳到廁所的動線淨空，但是走廊堆著積灰的紙箱。戰戰兢兢地打開來看，裡面裝的全是舊衣、洗衣皂、紙袋、包裝紙等；從重量來看，也不是隨意能搬動的狀態。

如果為了整理這個房子閃到腰，那才真是得不償失。

「就保持這個狀態讓他們看吧。」

我又下定了決心。不對，是乾脆豁出去了。

然後，終於到了醫院人員來家訪的日子。

「請不要吃驚，屋內狀況超乎想像。」

我先打了預防針再請他們入內。

我不知道這些人踏進垃圾屋時內心有什麼感受，也許職業的關係，已經習以為常了吧……

「瓦斯爐周圍請盡量不要放東西。」

「堆在樓梯間的東西很危險，請立刻清除。」

「希望能特別注意從床鋪到廁所的動線，盡可能把堆在腳邊的東西放進櫃子裡。」

從容不迫地完成了任務。

我拿著抹布跟在後面。

「哦，對不起，那裡很髒，我馬上擦掉。」

只要一動到什麼就會揚起灰塵，我立刻用抹布擦去。

只是灰塵的厚度實在非比尋常，不是我在開玩笑，這個家中到處都是塵埃，恐怕累積了十年、二十年以上了。

我的觀念是不買、不持有、不增加多餘的物品，隨時保持簡單而清潔的生活，因此姨媽家的打掃，對我而言真的是痛苦至極。

每當踏入這個屋子，煩躁就會轉為厭惡，我心中的惡魔也在蠢蠢欲動：「這種房子，點把火把它全燒掉算了。」

以前看過的小說裡，也有老婆婆住在不衛生的環境，引為奇聞的情節。但沒想到姨媽竟然就是那種老婆婆。如果再與她牽扯下去，會不會連我的情緒都會變得頹廢呢……

探訪姨媽家的那天，心中充滿了恐懼的危機感，所以幾乎一整天都無法工作了。

為什麼只能領出二十萬圓

各位知道七十五歲以上的老長者，每日在ATM匯入、領出的金額最高上限是二十萬圓嗎？

這是為了保護年長者受到詐騙電話的傷害，所採取的策略。但是安養院的住宿費、住院的費用等，對於本人無法親臨銀行窗口，必須由他人代領超額現金時，卻是非常不便。

姨丈入住的安養院寄來第一次請款單，內容寫道：「第一次繳款可在探訪時順便支付，次期之後再採取匯款。」於是我到附近的ATM領錢，沒想到出現「超過上限」的顯示，無法請領。

怎麼搞的？

雖然有些困惑，還是先領出上限的二十萬圓後，再回到車上。

然後打電話給大哥：

「我要從姨丈的帳戶領錢，但是顯示超出上限……」

「銀行設定年長者一天的上限是二十萬。」哥哥答道。

原來如此，是這麼回事啊。

當天，我就從自己的帳戶領出不足的部分，按照計畫前往安養院。

雖然第二天可以再去領錢補回去，但是每次都這麼搞也是不小的負擔。

得想個辦法才行！

我拿出任意監護人的公正證書，向銀行窗口說明情由。對方說，只要有本人的委任狀，就可以解除二十萬的上限設定。打鐵要趁熱，我立刻飛車到安養院，取得姨丈的簽名後回到銀行。

本以為這樣就結束了。

銀行卻要再次確認：「方便跟本人確認嗎？」

從金融機關的立場，這是必須要走的程序，但是耗費在這些手續的時間，累積起來也會成為一大負擔，重重壓在照護者身上。

「打電話去的話，我不知道姨丈能聽得懂幾分。」我說明了狀況，請他在現場打電話到安養院。

接電話的院長說明姨丈的確住在該院中，而且因為失智症的緣故，難以接聽電話，因為確認了保證人是大哥與我，終於解除了每天領出及匯款二十萬圓的上限。

聽說，某人的父親失智症嚴重，連自己的名字也不會寫，兒子為了支付安養院的住宿費，想要把定期存款解約，但是銀行稱一定要本人到窗口才能解約，因而束手無策。

非本人不能提領存款的原則，我們了然於胸，但是，在安養院住的時間越長，誰來負擔它的費用是一大問題，有時甚至會威脅到照護者的生活。

先掌握好存款用於照護上的額度，萬一有狀況時，可以預先代替本人領出或匯入等。事前先做好防範，才不會為時太晚。

以前遇到過一個坐輪椅的老太太，在醫院人員的陪同下，到信用金庫的窗口領錢，但是找不到驗證身分的保險證。

「平時都放在錢包裡，不曉得跑到哪裡去了。」

於是，醫院人員幫忙翻找老太太的皮包。

即使並非如此，照護與醫院的現場都缺少人手，想避免二次手續的醫院員工，和無法驗證本人就無法允許提款的金融機關，雙方都在苦思因應之策。

在年長者的照護上，錢是個難以切割的問題。

失智症趨於嚴重，當事人會漸漸無法表達意志，所以先設想好，未來無法簽名等，今後可能會發生的種種狀態，在事前把該辦的事情先辦好，否則困擾的不是被照護的人，而是照護者。

我不是你專屬的佣人

和老父母或姨父姨媽一起購物、陪看病，或是辦理各種手續……

不論做什麼事，都比我自己一個人去做要多花上兩、三倍的時間，勞力自然不用說，但精神上的負擔和壓力，甚至比工作繁重的上班族時代還有過之而無不及。

姨媽出院日定下來後，我採購了一星期份的食材放進冰箱，準備好出院時穿的內外衣褲一套，在前一天送到醫院。出院當天在指定的時間前往醫院，辦完繳費等各手續，前往姨媽住的病棟。

向照顧姨媽的護理人員致謝，抱著放了一大袋髒衣物回姨媽家再回家，還有很多必須完成的事在等著我。

把醫院帶回來的髒衣服放進洗衣機，把取代煤油暖爐的電暖爐用法，在向陽窗邊設置的室內晒衣架說明一遍，再請姨媽看看冰箱裡買回來的食材……

這當下，我完全沒想到姨媽住院期間以及出院時，花掉了我多少時間。

「你說得那麼快又多，我聽不懂啦。」姨媽不高興地說。

我可以理解，八十九歲的姨媽時隔兩個月回到自己家，身體還不方便行動，心情自然也還沒適應好，但我也不是遊手好閒、無事可做，只是想早點把事情交代完，才能回去忙自己的工作。

但接著——她也許不是有意的，卻一副泰然自若地說：

「這個吐司是六片裝的，姨媽平常都吃八片裝的。」

「我們家吃板豆腐，不是嫩豆腐。」

什麼！再怎麼說，這神經也太大條了吧？這些東西沒人囑咐，是我自己好心預先採購的食材，沒理由這麼說話吧。

頓時，一股無名火從心底燃起。

這還不算什麼……

住院前，姨媽說「電話有雜音聽不清楚」，所以在她住院時，我請ＮＴＴ過來修理，修理時還到場陪同，當我告訴她電話問題已經解決時，她只回了一句：「哦，電話修好了。」這讓我突然想問自己，為了修這電話所耗費的勞力，到底又算什麼？

「您打到我的手機測試看看。」

我把寫了手機號碼的便條遞給她。

「手機號碼太長了，我不會打。」她卻連試都不想試。

「別說這種話嘛。姨丈住在安養院裡，以後所有的事姨媽都得自己做才行。」我對她勸解了一下，但她卻嘟起嘴來回答：

「今天很累了，別再說那麼多事了。」

然而，等我完成所有的事，正打算回家時，她又留我：「你要回家了嗎？喝杯茶休息一下再走嘛。」

我也有我的生活，並不是閒著沒事做。

後來，即使醫生囑咐「壓迫性骨折的地方完全康復了，所以盡量自己勞動，只要小心點就好」，但是姨媽凡事都要依賴我，她說：「沒有信心自己做。」

「有什麼問題，打電話給我哦。」儘管我說了好幾次。姨媽還是以「手機號碼太長不會打」為由，從來沒有打電話來。

其實，許多事我都想丟著不管，但是萬一她孤獨死亡，那才更麻煩。

於是我又重新去申請一週兩次的日照服務。沒有日照服務的時候，我就趁工作的空檔過去探視。

「牛奶沒有了，真頭疼啊。」她不滿地說。

如果住在陸上孤島倒還有話說，可是姨媽家隔壁的第五家就是便利商店。

「只缺牛奶的話，去便利商店買就行了吧。」如果我這麼說，她就會嘟起嘴：「便利商店的牛奶比超市貴。」

能不能為我想想，難道為了幾十圓，就要我到超市跑一趟？

「要不然，今天出門購物好嗎？除了牛奶之外，還有什麼非買不可的東西嗎？」

我按捺著不耐問。

結果，她都給我這種回答：「姨媽都可以，看你方便。」「沒去看看不知道要買什麼。」

外表看來好像顧慮我，但是這種把一切決定都交給別人的行為，最是自私和不負責任。整天受到這種態度對待，有誰能不火大？至少我是很不耐煩，只想大聲罵道：「你想怎樣隨便你！」

姨媽開口閉口都是「不知道」、「沒做過」、「決定不了」，而我老媽則愛大權在握地放狠話：「我做什麼事，不用你多嘴。」兩人的話中之意都是「你說得再多我也不會改變，說什麼都是白搭。」

難道就因為如此，我就得包容一切，用寬大的心胸面對嗎？

我記得以前聽過，古代歐洲有一種刑罰，是不斷地「令犯人挖洞，看守填回。然後再讓他挖洞，再填回」。

天天接觸講不通的老爸媽和姨媽，感覺就像是被判處這種刑罰，徒勞無用。

與姨媽購物是種苦行

從沒想到購物會帶來這麼大的痛苦……

儘管是同父母所生，也在同樣的環境中長大，但是老媽奢侈浪費、大胃王、手邊有什麼就買什麼，而姨媽卻是只買低價的東西。購物的觀念完全相反，而兩人的做法都與我大相逕庭。

我常常想，人是由那個人選擇的事物而形成的。吃的食物、穿的衣服、出門的去處、交往的親友自不待言，還有讀什麼書、聽什麼音樂、欣賞什麼樣的電影和戲劇……對人而言，依據自己意志做出選擇的行為，與選出的文化，形塑出這個人，對他的價值觀和人生觀有著重大的影響。

返回老家定居之後，雖然對久未謀面的姨媽寒酸的作風大為驚訝，但是第一次陪姨媽去購物時，看到她探頭到即期品花車中，物色蔬菜和水果的身影，真的很想立刻逃離現場。

我並不是否定購買即期品這種行為。大家都會在關門前搶購半價的熟食，如果家裡還有幾個胃口大的小孩子要養，食材當然撿便宜的買。

但是，姨媽的行為感覺有些不對勁。

她既不是清貧，也不是節省，是一種可憐兮兮的感覺。她的行為透露出卑下的寒磣。

後來，我從稍遠處觀察她，不管是豬肉、鮮魚，她會把架上排列的商品從頭到尾全部翻過來審視，一再地拿起又放下，然後從中選擇最便宜的那份，放進籃子裡。

如果發現更便宜的，就立刻出手去拿，再把已經放在籃子裡的東西放回架上。

我突然想到以前老媽說過：

「跟久子一起去買東西，我都覺得丟臉。」

到醫院回診檢查之後，她說：「明天早上好像沒有牛奶了。」經過便利商店我想進去買時，她拒絕：「超商太貴，不用買了。」

「可是，沒有牛奶不方便吧？」

「嗯，但是，不用特地在超商買貴的牛奶，下次你去超市時，再順便幫我買就行了。」她這麼說。

也就是說，我得去超市買便宜十幾塊錢的牛奶，再送到姨媽家就對了。在她的思想中，完全沒有考慮這會占去我的時間和精力。

如果自己能去買那還好說，但是只為了節省十幾塊錢，而去勞煩別人，這種做法我完全無法理解。

與她一起出門，就會有種難以忍受的情緒，好像運氣會被她吸走、意志會被磨滅、被拖到谷底般……那是一種放棄做人應有的矜持，顯現出落魄的模樣。以前，我也遇過八字不合的上司或同事，覺得麻煩但還是必須應酬的客戶或工作相關人員。但是，與那些人相處所產生的壓力，和與姨媽相處的壓力截然不同。

我老媽與阿姨的兄弟姊妹很多，除了我之外還有許多表兄弟（表姊妹）。只是他們從未去姨媽家探訪，也沒有關心的意思。即使我不再支援姨媽，也不會有人指責我。

連我老媽，姨媽的親姊姊都說：「你最近老是在忙久子的事，把我的事丟一邊。」這種不必說出口的話，她都說了，如果我再繼續這麼照顧姨媽，恐怕哪天她忍無可忍而爆發。

大哥夫妻也時不時地說：「久子姨媽如果也和貞吉姨丈一樣住進安養院就好了。」

只是……姨丈被評估為長照等級一，但姨媽不同，她不但自己有能力完成最基礎的家事，談吐也相當順暢，即使申請變更長照評估等級，也會被判斷為「有能力自主生活」，而維持在需支援二。

每個安養機構對年長者入住的條件都不同，但是，大多要在長照等級以上，除了所謂的高級老人院之外，沒有那麼容易獲得許可。

到底什麼時候我才能從姨媽與我三等親關係的麻煩中解脫呢？

屈指算著那天的來臨，應該不至於受到上天懲罰吧。

這點小事自己想啦

姨媽獨居之後，我定期去探望時，她一定會說：「有信件。」

兩、三天沒露臉時，她也會打電話到大哥的家用電話告知：「有信件耶。」

雖然她不會打十一碼的手機電話，但是市內電話只有六位數，所以她會打。

對於信件，她能不能理解是一回事，但是她根本一點都不想理解。

「兩星期前，我們向醫院拿了『住院證明』然後去郵局了不是嗎？這是通知我們，那時候申請的住院保險，本月底會匯入。」

我解釋住院保險的匯款。她反應遲鈍道：

「原來是這樣。」

確定姨媽出院日那天，立刻去郵局領取申請保險需要的表格，在醫院辦好申辦「住院證明」的手續，幾天後再到醫院窗口領取開立的證明，雖然並沒有抱著施恩的心態，但這些事都是我做的。

後來，雖然帶著姨媽到郵局，但是櫃檯說「請盡量在這份文件上詳細記述骨折時的狀況」，姨媽只說了一句：「我不會寫，你來吧。」於是我代替姨媽詳細填寫，完成了申請。這是兩星期前的事。

不只如此。每個月還得帶她去診所，請醫生開強健骨骼和預防貧血的藥。

「下星期二就沒有藥了對吧？必須先向診所預約，您的時間方便嗎？」

藥吃完的一星期前，如果我不詢問，她絕不會自己行動。

從放在暖桌上的袋子裡拿出處方箋，「您看看，藥只到星期二吧。」我把寫了日期的藥拿給她看，「是哦。」她的回答彷彿是別人的事。

「開的藥和上一回一樣，所以一個月後再來就行了。」

儘管醫生已經說明，三天後她又抱著藥袋來我家：「最近幾天老睡不好，是不是改藥了？藥丸好像比以前大顆。」

「醫生說他開的藥和以前一樣，而且你看用藥手冊就知道吧，藥名、服用量都和上一次一樣。」

我邊說明邊把用藥手冊中的藥品照片拿給她看，但她還是說：

「沒有改嗎？」

「你看看嘛，看了就知道吧。」

我又開始煩躁了。

「那為什麼會睡不著呢……」

誰知道呢？

「我以為換了藥所以睡不著，所以才過來問問你，醫生是怎麼說的。」

姨媽你不是也一起聽了嗎？

「三天都睡不著。」

誰沒有失眠過呢。

再這樣時不時工作被打斷，進行這種沒營養的對話，實在很難保持冷靜。

「不只是姨媽，大家都會有失眠的時候。睡前喝點熱牛奶，暖暖身子會不會好入睡呢？」

我試著提建議，想早點打發她回家。

「可是，睡前喝東西半夜會跑廁所。」

這種時候她倒是很有主見。

不管我有沒有空，她想來就來，這不只讓我無法集中精神，而且煩躁之後也沒辦法馬上靜下來工作。

說了好幾次「有事先打電話來」，希望她了解我的苦衷，但是，她還是會以「手機號碼太長不會打」而突然跑來。

我用最粗的馬克筆大大寫下我的手機號碼，貼在姨媽家的電話旁，只要看著數字打就能通，實在不懂她為什麼就是不會做……雖然已經是常態，但是我完全不能理解。

第二天，她又突然跑來，打斷我的工作說：「你買來的暖爐，熱得很慢，不知道是不是壞了。」

煤油暖爐要補充煤油有難度，為了避免發生火災才換成安全的葉片式電暖器，這件事我也說過很多次了。

「之前也說過好幾次，這種電暖器跟煤油暖爐不同，不會快速加熱。還是說，您想換回煤油暖爐？換回那種也行，但是姨媽會自己補充煤油嗎？」

「一直都是你姨丈在負責的，姨媽怕著火不會弄。」

「要不然買電暖器？它加熱速度比較快，可是必須注意別忘了關掉。」

「你說那麼多，姨媽也不懂。」

與姨媽對話，永遠都是用「不懂」作結尾。

離姨媽家走兩步路有個商店街（比到我家的距離近得多），姨丈住進安養院之前，所有的家電都在街上的電器行買的，所以只要她想要，自己應該能走去那家店，買個中意的電暖器。唉，不過她要是能做到這一步，什麼事也都能自己做了。

新冠疫情之下，如果發了燒，即使只是小感冒也必須去掛發燒門診，而且也不能去日照中心。除了這種事，我實在不想再為姨媽浪費更多時間。

調整好心情，驅車去家電量販店，買了一台操作最簡單的電暖器送去。然後她又是若無其事地踩踏我的地雷：「你不教我，我不會用。」

開關只有三個：「關」、「四五〇瓦」、「九〇〇瓦」。

雖然是常態，但我實在無法理解她到底哪裡不懂。

之後也是一樣，「手指紅腫發癢，不知道要買哪種藥。」「日照中心的小姐叫我在家量體溫，可是我不知道體溫計怎麼用」等，什麼都「不知道」。

她這種態度，誰都想逃得遠遠的吧。

聽起來很無情，但是我真心這麼認為。

不管男女老幼，人際關係講求的是互相尊重。有魅力的人，大家趨之若鶩，難搞的人，大家敬而遠之。不管有沒有利害關係，任何人只要單方面地對別人造成負擔，關係就不會長久。

隨著年紀越大，一個人的生活態度會近乎可怕地全寫在臉上。

「收到了好多封信，姨媽都看不懂。」看著一臉瘦削嚴厲的姨媽，抱著一堆郵局和市公所寄來的信件又來打斷我工作時，我把視線轉向窗外，長長地嘆了一口氣，不知道這種日子哪一天才會結束。

第3章

照護老爸媽的世間麻煩物語

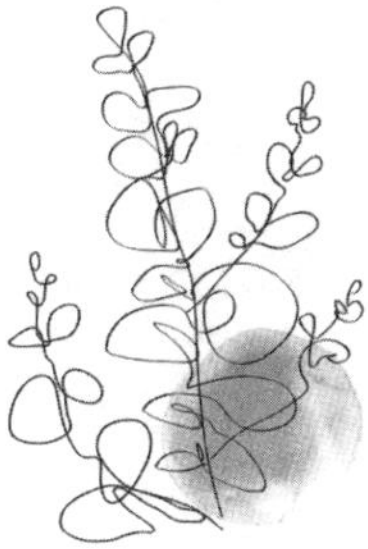

三天一次陪著上醫院

踏進充滿年長者的醫院候診室時，腦中總會盤桓著這樣的疑問：這些人真的需要醫療嗎？

原則上，七十五歲以上老人的醫療費自付額比例為一成（二〇二二年秋季之後，也有人依年金收入和其他合計所得金額，提高自付比例為兩成或三成），我猜想這條規定是不是也有影響，而我家的老父母也總是會找些理由，想到醫院去。

定期回診的有每星期六的骨科，和每月一次的綜合醫院，另外，老父母各自的眼科和老媽的牙科，也是每個月一次。光是這樣，一個月我最少就得陪病八次。

除此之外，還有頻繁的送醫要求，像老媽大驚小怪地吵著：「吃了芋頭，嘴巴周圍癢得快死掉。」或是老爸大聲嚷嚷著：「昨晚腰痛得一夜沒睡。」

尤其是老媽熱愛醫院的程度，實在令人想問：為什麼？而且，只要告訴她「沒什麼大不了的，忍耐一下」，她就會怒髮衝冠地大罵：「你這個沒良心的女兒，沒看到我這麼難過嗎？」

老爸也不相上下，我中斷工作陪他上醫院，就在快到醫院時突然說：「我好了，回家吧。」或是在候診室裡抱怨：「早知道不來就好了。」

「你不是一直叫痛，忍耐不了才來的嗎？想回家的話，自己走路回家！」

在車子上超出我忍耐極限也不是一次兩次了。

再加上姨丈入住的地方是居住型老人設施，不是醫院，所以，每個月都必須帶他去醫院一次。另外也要幫姨媽去診所拿健骨藥和預防貧血的藥。

每個月光是陪四人上醫院，最少也得用掉十天。即使有預約，在醫院等候的時間平均一小時，看診後拿著處方箋到藥房，又要等約三十分鐘。

簡言之，每三天就要陪他們上一次醫院，並且花掉半天時間。

我家附近的超市門口貼著一張寫著「救護車不是計程車」的海報，每次看到它就不禁苦笑，大家對醫院的依賴竟然高到這種地步，必須用此方法來提醒注意。

而且，他們根本不在乎在候診室裡頻頻看時間的我是什麼心情吧。老媽與姨媽都是天生的話匣子（即使是新冠疫情下需特別警惕），在候診室裡跟鄰座搭上話，就開始天南地北地聊起來。

「哦，真的嗎？太太你是從M村來的呀？我讀女中時的同學就住在M村。不知道你認不認識。她叫中村。我記得……她是酒坊家的女兒。」

「不過那一帶叫中村的人很多。」

「是嗎？她皮膚白，長得很美。」

你讀女中是七十年前的事了。而且，就算是酒坊的女兒，現在也是九十歲的老太太了吧。重點是，她是不是還在世都不知道……

看到這種景象，充分能體會有些人不滿醫院候診室成為老人社交場的心情。

「最近都沒見到鈴木太太，不知是不是狀態不好了。」這種對話也理所當然似的在候診室裡響起，這些把上醫院當作消遣的當事人，沒有察覺到這是個黑色笑話吧。

「好久不見，最近可好？」在骨科的候診室，老媽朝著熟識的老太太招呼道。

「身體好的話，就不會來這種地方嘍。」

我在心裡對這位回答的老太太送上喝彩：

「說得有理！」

這幾年，除了每年一次健診之外，從不上醫院的我，每次看到客廳暖桌上一大堆老爸媽的藥，就很想吐槽說：「你們才負擔一成耶。」

不會說刺耳話的人就是好人

即使年過九十，依然在乎別人看法的老媽，特別喜歡讚美她的人，而將對她指三道四的人（如大哥和我）視為眼中釘，回嘴反駁。

「說到我女兒，對我做的所有事都看不順眼。動不動就挑剔我，真是拿她沒辦法。兒子也不省心，一副目中無人的模樣，好像他自己把自己養大似的。」

打開窗子開始工作，就聽到院子裡傳來耳背老媽洪鐘般的聲音。

「冰箱裡還有三包肉，昨天才把壞掉的培根丟掉。今天沒有必要再買了，麵包和仙貝也還有嘛。」

平時總是大量採購多餘的食品，然後放到壞掉，所以買東西時必須特別擦亮目光。

只是，在老媽來說，這些話聽了又不樂意了。

「我做什麼你別插嘴。」

她面露凶光地瞪著我。

「你說了也沒用，費那麼多口舌只是浪費時間，就隨她去吧。」大哥說。但是老媽已經無法管理食材和食品，如果隨她去，我家廚房的過期品就要滿出來了。

昨天也剛丟掉長徽的竹輪和火腿、放在保鮮盒就忘得一乾二淨的醃白菜。沒人知道我的辛苦。有個七十多歲單身的親戚，兩三天就會來我家，陪老爸媽坐在客廳看電視，陪愛購物的老媽一起去大型超市。

「她已經無法管理食材了，你來的時候能不能別帶我媽去超市？而且她上下車都很吃力，腳也幾乎抬不起來。如果在外面摔跤，恐怕就會一病不起了。」

我無奈地對他這麼說，但是他絲毫沒在意地回道：「可是，姨媽說她想去呀」「她又沒有其他消遣，就讓她買買東西有什麼關係。」句句都刺激我的神經。

今後，老爸媽有可能都要住進安養院，所以現在我想盡可能減少浪費的支出。他一個外人自然可以說這種不負責的話。

而且，老媽十分感謝地說：「多虧了信一（化名）這麼勤快，他不像你們，人家每次都是笑嘻嘻地載我出去。」

每次都氣得我一肚子火：「那個人不是勤快，是太閒！」

平常白天的時間，經營商店的大哥和寫稿為業的我，雖然都是在家工作，但並不是閒著沒事做。

只是，年紀一大就失去對這種狀態的判斷。

像是我在工作中，突然發布指令。

「我現在在忙，待會兒。」如果我委婉推辭，她就會凶巴巴地斥罵：

「叫你帶我出去，從來沒好臉色！」

如果不是親生母親，我看早就斷絕往來了吧。

常有人說母親：「雖然年紀這麼大，卻還是身強力壯。」其實她只是光說不練。像是鍋子燒焦了、水龍頭忘了關等，很多舉止都不太正常。

有一天吹著乾燥強烈的西風，我發現黑煙和臭焦味，趕緊跑下樓看，鍋子裡正冒出一縷縷黑煙。

怎麼又這樣？

趕緊滅了火，把燒焦的鍋子丟進水槽打開水龍頭。

光是這一個月，不知燒壞了幾個鍋了。

朝院子裡望去，老媽正和經過的鄰居聊得樂此不疲。

「老太婆，你打算把我們家燒掉啊！」

也同樣聞到焦臭味的老爸朝著院子大聲嚷嚷，但是耳背的老媽沒聽到，繼續聊個不停。

就在我用亮光劑正在刷鍋子時，燒壞鍋的禍首才聊完天回屋來。

「像今天風那麼大，如果發生火災，馬上就燒光光啦！」

大概老爸的怒吼終於讓她意識到了，老媽的表情僵了一下。

「鍋子都在噴火了。我都說幾次了？其他的事忘記就算了，只有用火要特別小心。離開瓦斯爐時一定要關火。稍微上個廁所，稍微做點別的事，三分鐘之後就忘了。」我告誡道。

「都是你爸爸說有客人來。」

她怪到老爸頭上。

「不要把責任推給別人。」

大概是我拉高聲音吧。

她小聲嘀咕說：「平常我都有關好啦。」但是絕對不會說「對不起」。

這位太太的字典裡沒有「道歉」兩個字吧。

這已經不是爭強好勝而已，而是蠻不講理了。

「說到我家老媽，有人對她有意見，她就視為敵人。不論說什麼，她都要反駁回來，真的快受不了。」

我向兒時好友吐露時，她俯身說：

「我三年前過世的婆婆也是這樣，所以我非常了解。」

「你婆婆也是嗎？」

「我們家附近有個經營健康食品的人，經常到婆婆那兒串門子，把產品說得天花亂墜，推銷給我婆婆。我問她：『買那麼多維生素和營養飲料幹什麼？』她就回嘴道：『我用自己的錢買的，憑什麼要聽你囉嗦？』我叫老公勸她，她也充耳不聞，直到死前都還說：『她是個好人、好人。』拜此所賜，婆婆過世後，櫥子裡清出一堆過期的健康食品，當然全部丟掉啦，但是實在氣得受不了！」

可能想起了當時的事，她的口氣變得急促。

「那不就成了冤大頭嗎？」

「是呀，但是當事人自己十分感謝，每次對方來時還請她喝茶，真是笑死了。」

「唉——真是同病相憐。」

我們相視苦笑。

另一個朋友皺著眉頭說：「偶爾會去看看獨居母親的狀況。總是會遇到七旬的男人來家裡喝茶。等他不在時，她問：『那個人是誰？』母親說，附近的鄰居，經常開車載她去買東西。」

「附近的鄰居？」

「所以，每次去買東西，就與那個人在外吃飯，由母親付錢。」

「怎麼會這樣？」

「就是呀。我覺得有點怪，就問：『每次都是媽媽付的錢嗎？』她理所當然地回答：『因為他開車載我呀。』」

我聽了都跟著擔心起來。

「所以，那個人到底是誰？」

「我也不清楚，但是總覺得很可疑。」

她露出不解的表情，皺起了眉頭。

「年紀大了之後，為什麼會感激那種人呢？」

「就是說呀。我好幾次要她小心，但我媽說他『明明是個好人，為什麼你老是要說他壞話』。」

「上次和朋友聊起時，她也說了同樣的話。她的婆婆不知自己當了冤大頭，直到死前還堅持對方『是個好人』呢。」

「對我媽來說，我是個囉嗦、煩人的人，而那個人善良又勤快。明明跟她說過，那人只是想敲詐。」

「沒錯，就是勤快！」

「什麼？」

「我家的親戚也有這種人。我媽說他勤快，所以是她很感謝的人。」

「原來如此……」

每次聽到這種故事，就能明白為什麼不聽逆耳忠告，相信能言善道的騙子、在合約書上簽字的例子絡繹不絕。

先不談電話詐騙，但想想，我們這個社會究竟有多少心懷感謝而被敲詐小錢的年長者呢？

經常聽到「老而從子」這句話。

隨著年齡增長，判斷力變得遲鈍，思考能力降低，情緒的控制不太靈活也是無可奈何，但是如果能察覺自己的衰老，成為子孫愛戴的老人，保護自己不受可疑人士的侵擾，那就太好了。不過這也只是照護者角度的觀點吧。

再繼續下去，居服員將消失

因為新冠疫情的關係，姨丈被禁止外出和會面，連年底都無法回家過年，不過在安養院生活得很穩定。偶爾帶著慰問品過去，安養院的員工也轉達：

「有食慾，晚上也睡得很好，不需要掛心。」

反倒是姨媽因為獨居感到孤單，問了我好幾次：「你姨丈什麼時候會回來？」

不過，骨折時醫院的物理治療師和諮詢員都說：「久子太太已經能獨力完成自己的事，但是照顧失智症的老公太勉強了。」

這就是世人說的老老照顧，住在高低不平的舊木造房屋裡，如果還要繼續照顧有失禁和妄想症狀的姨丈，很可能一起倒下。

「診所的醫生也說過吧。姨丈有糖尿病，血糖相當高，如果在沒有暖氣的家裡，寒冷的半夜去上廁所暈倒，那就很難挽救了。」

但聽我這麼說，姨媽還是嚷著：「可是一個人好孤單啊。」

就算是相伴多年的夫妻，也不可能同時離開人世，越是長壽，其中一方住進醫院或安養院也是迫不得已的安排。再加上，如果獨力生活變得困難時，無法接受現實，不能忍耐或妥協時，支援者也會累垮。

「委託居服員一星期到府一次也許不錯。我去和照護專員談談。」

與大哥夫妻剛談完這事，就在《每日新聞》（二〇二二年一月二十日）第十一版上，看到〈居服員消滅的危機〉的專欄。

報導說，現在照服員每四人就有一人在六十五歲以上，儘管有效的徵人率為十四．九二倍，但有八成以上的照服公司都處在缺工的狀態。

而居服員就是到高齡者家中，幫忙打掃、洗衣、購物，分擔家務的人。他們一天會拜訪好幾個有年長者的家庭，必須在短時間內完成所有工作，遇到固執或失智症患者就十分麻煩，因此在體力或精神方面都有相當大的負擔。

然而，照護工作全體的平均薪資，比所有職業的平均值低六萬圓以上，因此不用說，員工自然紛紛離職。

日本失智症者人數已高達六百萬人以上，二〇二五年，嬰兒潮世代全體進入七十五歲以上時，預測將會突破七百萬人（高齡人口的五分之一）。

繼而，像我家老父母和姨父母這樣，還未到臥床不起，需要多方面幫忙的高齡者人數，不誇張的說，幾乎與全高齡人口相當。

在我與九十二歲老爸、九十歲老母同住之前，人家說年長者不會換燈泡和手電筒的乾電池、無法區別冷氣和電視機的遙控器、無法自力去醫院和購物，這些隨著年齡增加，做不了以前習以為常的動作，我都以為與我家無關。

然而，就如前面所述，年長者不但失能的事與日俱增，任性、放狠話、激動問題行為也越顯激烈。所以，靠家人的愛照護年長者這種漂亮話，絕對無法克服。

尤其金錢的問題更是嚴峻。

舉例來說，假設安養院的入住費每人每月二十萬圓，與公有年金之間的差額，當然是自掏腰包。如果自費金額是十萬圓，一年一百二十萬，五年六百萬，十年就需要一千兩百萬。如果是兩位老人，那就是翻倍。

現今已經是人生百年的時代，入住安養院的時間也一年年增加，所以，當平均壽命（男性八十一・四七歲，女性八十七・五七歲）減去健康壽命（男性七十二・六八歲，女性七十五・三八歲）的年數，需要相當的支援或照護時，到底需要花多少錢？誰來負擔？用父母自己的年金和存款能支應？還是要自掏腰包？如果不能事先掌握好，就很可能走向照護破產。

有一天，我在房間裡隨便滑臉書時，看到一篇貼文。

「父親不分晝夜地在屋裡徘徊、亂罵。看到母親總是開朗地面對半夜被吵醒和不講理的胡鬧時，就覺得她好可憐。父親越來越討人厭，這種狀態繼續下去的話，不只是母親，連我都要精神崩潰了。」

也許是感同身受吧。

下面湧入源源不絕的留言：「要不要和照護專員談一談，不要只靠家人分擔。」「你有在支付照護保險費，不妨多利用行政服務。」……

二〇二二年九月十八日，總務省公布的六十五歲以上高齡人口有三千六百二十七萬人，達到史上最高，占總人口的比例為百分之二九・一。一九七〇年的高齡人口七百三十三萬，人口比例為百分之七・一八，所以高齡化在這五十年間急速地發展。另外，七十五歲以上比前一年增加了七十二萬人，達到一千九百三十七萬人，與總人口的比例首度超過百分之十五。

而且，預測二〇二五年每五名高齡者中就有一名罹患失智症，所以，將有相當多家庭要照顧失智高齡者，很容易想像得到會成為一大煩惱。

話雖如此，再憂慮也沒有用。

驅車前往家附近的無宿溫泉，在寒空下泡進露天溫泉，仰望天空。

祈禱屬於自我的平靜生活能早日來臨。

繳回駕照的大風波

「你是說，叫老子去坐那種老年人開的車嗎！」

「對呀。爸爸也知道吧，年長者出車禍不斷增加的新聞。」

「知道呀。」

「其實，我是希望你主動繳回駕照，但你不願意，所以我才建議你換輕型汽車。」

「為什麼我非得開輕型汽車？」

「不是說過了嗎？萬一撞到人就來不及了，我是希望多少能減少一點危險，你為什麼就是不懂呢？」

「我是不知道危險不危險，但是我不可能撞到人！」

「為什麼這麼有把握？」

「因為我一次交通事故都沒發生過。」

「現在說的不是以前，是以後。你的視力變壞，聽力變差，腿腳力氣不夠，即時反應力也退步了。也許以前從來沒發生過，但未來很可能會發生呀。」

不難想像全日本都發生過這樣的對話。

在高度經濟成長期，「大就是好」是上一輩的共同價值觀。

「以前這一帶沒有人比我開的（高級車）車大，到了現在怎麼可能叫我開輕型車啊！」

某個朋友老家的父親誇下海口，讓他疲於對抗。

「每次聽到年長者車禍的新聞，就背脊發涼。如果出意外的話，警方絕對會質問，距離這麼近為什麼要讓他開車？」

「你說得沒錯。可是他根本就不聽人勸。」

「真的是。越是說他，他越固執。所以我真希望別只是繳回駕照這麼簡單，國家應該規定八十歲以上不准開車。否則，像我父親那種老人家，一定會開到他走的那天。」

「我想也是……」

兩人同時大大點頭。

從東京搬回千葉鄉下後，最驚訝的事之一，就是老人多。醫院候診室如此，清晨開張的超市如此，連騎腳踏車的人數，老人也比小學生和中學生多得多。

不注意後方，騎腳踏車橫越馬路的老人也不在少數。

「在鄉間，突然衝出的老人比小孩更需要注意！」

不管是道路駕駛講習，或是汽車駕訓班的教官都不厭其煩地一再叮嚀。

連走路都走不穩的老人，他們駕駛汽車不但會在未確認左右就從巷子竄出，也曾在直行優先的十字路口硬是右轉。

某天，我陪著老爸媽看骨科，在醫院停車場被一輛暴衝的車子嚇到，但是卻沒看到駕駛的蹤影。

「剛才那輛車，有駕駛嗎？」

聽到我的自言自語，老爸分享了從醫院外交得到的知識。

「啊，那輛車是個八十九歲的老頭開的，他說腿和腰使不上勁，所以每天都來這兒電療。他駝背駝得厲害，上次說一坐上車就看不到前方。」

莫、莫非……這個因為腰部和膝蓋痛，每天都來骨科治療的老人家，背駝到坐在駕駛座就看不到前方，卻還在開車？

腦中的黑人問號在快速旋轉。

許多地方小鎮，公車和電車等公共交通工具相繼停駛，我也明白如果沒有車，購物和上醫院等生活都很難維持。但是萬一出了意外，那就無法挽回了。

二〇二五年以後，長年讚揚有車生活的嬰兒潮世代將全體超過七十五歲，顯而易見，貼著高齡者標籤的汽車充斥街頭。

雖然自駕車如火如荼地開發中，但是這種最尖端的汽車普及到高齡駕駛，還需要相當久的時間吧。

想到家中老父母逞強、堅不繳回駕照的家庭，想到對於住在偏遠地區、沒有車就無法生活的老人家，想到自己到了七十五歲以後的狀態，幾乎可以確定高齡駕駛的問題，絕非與己無關的小事。畢竟意外只要發生一次，就可能攸關人命。

「我看到車子側邊凹了，所以檢查了行車記錄器，才知道從巷子出來時擦撞了一台輕型車，而且對方是個老太太。我問我爸，是不是撞到了，他矢口否認。我覺得這種情形很糟，因此把車鑰匙沒收了。我告訴他，若是撞到的是人，該怎麼辦？」

剛才那個朋友說，因為會車擦撞的事故，強制將父親的車報廢。但是站在她爸爸的立場，當然氣憤難平。

「你以為你是誰啊！」

後來幾乎每天老父親打電話給她，暴跳如雷地對她大發脾氣，所以，她一定能深切了解，年長者駕照繳回問題是如何困難吧。

反正，跟老人家講道理是講不通的。

而且，完全看不到終點，不知道這種生活還要持續多久。

老父母會先離世？或是照護者先氣力用盡呢？還是存款先見底呢？

沒有實際站在照護的立場，不會了解照護者每天受到恐懼不安折磨的心情。

老爸終於得穿紙尿褲

過了九十歲時，老爸依然天天都要泡澡。但是也許是天氣冷的關係，他終於說：「我很累，不泡澡了。」

話雖如此，但是他這個人既神經質又一板一眼，我猜他受不了身體癢而改變心意，只是時間的問題。

「已經兩個多星期沒洗澡了，要不要泡一下？」

在一個比較暖和的下午，看他精神還不錯的時候，我建議道。

「很累，不想泡。」他搖搖頭說。

「身體不癢嗎？」

「不癢。」

「泡一下，全身舒暢哦。」

「不泡。」

似乎體力衰弱得很嚴重。

不只如此，我在準備晚餐時，他突然怪聲怪調地吼道：「早安！」

「現在是晚上七點耶。不是早上，說什麼早安。」

「哦？是嗎？不是早上啊。不知怎麼搞的，現在是早上還是晚上，我都搞不清了。」

他的眼光呆滯地游移著。

有些日子，他也能夠正常地對話，但有些時候，不論對他說什麼，他總是不帶腦子地說：「不知道。」一躺在租賃照護床上的時間也越來越長。

一想到他可能沒有多少日子了，所以有時任性一點也由著他了。

不過，在忙著哄他洗澡，幫他收拾紙尿褲的我來說，過度任性也會讓我忍無可忍。

他主動表示要穿紙尿褲是還好：

「還是穿吧。不知道什麼時候漏尿。」

不過，也許是肛門肌肉鬆弛，有時才剛想上大號，往廁所走個二十步就拉出來了。

「啊，沒忍住！」

吃飯吃到一半，突然說：「拉了大的。」我就得馬上放下碗筷，因為如果不幫他換掉，就會臭氣沖天。

「我馬上幫你換。」

去準備新尿褲時，他一定會抗拒：「不用換，沒關係。」

「怎麼可能沒關係？」

「已經乾了，不用換啦。」

最近紙尿褲的性能真好，一兩次失禁都能完全吸收。可能是這個緣故，老爺本人也不覺得不舒服。

「不好啦。就算是乾了也會臭。」

「不會臭啦。」

「會臭。」

剛開始還好聲好氣地跟他說，但是就像兩歲牙牙學語的小孩一樣，給他幾分顏色就開染房了。說話時如果不決絕一點，他的任性瞬間就到達頂點。

「要不然，你能自己清理紙尿褲嗎？」

「不能。」

「你能自己洗髒睡衣嗎？」

「當然不能啦。」

「既然這樣，就要聽話。」

「我不想聽。」

這種對話持續一陣子之後，我用橫掃千軍的氣勢大罵：

「你不要看什麼都我來照顧，就得寸進尺！給我差不多一點！」

他大概想惹火了我就麻煩了，於是才心不甘情不願地脫掉紙尿褲，「那就換好了。」

只不過，和嬰幼兒不同的是，他日復一日地喝酒，醫生開的藥量也相當高，所以紙尿褲的臭味也不同一般。連親生女兒都忍不住皺起臉，那麼每天默默工作的護士和照護師該有多辛苦呢。

而且，即使在家人面前也絕不脫光衣服的老爸，在我幫他換上新尿褲之前，卻不會遮掩重要部位，不設防地等著我說：

「來，抬起右腳。好，接著是左腳。」

看到他連羞恥心都蕩然無存時，不禁感到悲傷。

但我又想到，也許老爸從來沒想過，自己會活到讓女兒幫他穿紙尿褲的時候吧。

春分前後去為祖父母掃墓，望著墓碑上刻的日期發愣時，驀然想到老爸也有少年時代，他也曾經是過世祖父的小孩。

老爸的父親（我的祖父）逝於昭和十七（一九四二）年三月六日，那時，昭和五年出生的老爸還在讀小學六年級，再過九天就十二歲生日了。

對我來說，老爸一直是爸爸，所以至今從未想像過爸爸為人子的時候……

在墓前合十祈禱時，腦海中閃過一個平頭瘦削的小孩咬緊牙根，站在棺材旁的模樣。

祖父得了癌症，在當時就是絕症，所以五十二歲就英年早逝。留下十六歲的女兒（姑姑）與十二歲的兒子（老爸）撒手歸西的祖父，在聽到宣告病名時有什麼感受，又懷著什麼樣的想法離開人世，前往西方呢？

家中頂梁柱離世，祖母、姑姑和父親後來過著什麼樣的生活呢？

十一年後，昭和二十八（一九五三）年七月十五日，祖母也得了和祖父同樣的病過世。

「帶了媽媽到千葉大學附屬醫院，醫生說為時已晚了。」

某次吃完晚飯，老爸突然吐出這句話。不知他心裡在想什麼。

老爸從來沒說過自己的孩提時代，但是早年就失去父母的他，想必人生絕非一帆風順。

只有一次，他說：

「我也想讀大學，但是沒有那麼多錢。」

雖說昭和初年出生的他考進大學的機率本就非常低，但是老爸因為父親早逝，而不得不放棄很多夢想吧。

我懷想著老爸走過的人生，我所知道的老爸人生，只是他人生的一部分而已。事到如今我才領會到，從女兒視角看見的，只不過是他人生的某個面向罷了。

掃完墓回到家，就聽見老爸在客廳大叫：

「喂——去幫我買那個。」

「那個……那個是哪個？你不說我怎麼知道。」

「那個叫什麼來著。我忘記了。」

「是嗎？那我就沒辦法買了。」

與老父母的生活天天都會上演這樣的對話，然而與也許即將進入倒數階段的老爸，還有多少時間相處呢？只有老天才知道吧。

老媽的失控永無休止

相對於體力和精神全都每況愈下，老媽的無敵氣勢卻絲毫沒有減損。

之前就聽老爸提過幾次：

「你每次出門幫久子辦事時，老太婆就說：『一天到晚拚命忙久子的事。』我看是吃醋了哦。」

但是，萬萬沒想到，老媽竟然會跑到姨媽家發飆……

最小的阿姨美喜子打電話過來。

「光代姊剛才跑到久子姊家教訓了一頓呢……你有聽說什麼嗎？」

「嗄，怎麼會？我沒聽說呀……」

「久子姊哭著打電話來。她說光代姊罵她：『什麼事都拜託別人做，你知不知道給周圍的人帶來多大的麻煩！』」

「什麼……」

「你頻頻出門幫久子姊辦事，光代姊似乎不太高興。」

「我想也是。爸爸也說了我好幾次了：『她在吃醋哦。』因為我媽是個任何事都要以她為尊才滿意的人，所以我出門到久子阿姨家，她會覺得自己不被重視吧。被害妄想症很嚴重。」

「因為年紀大了之後，只會記掛自己的事。你明明忙得不可開交，還要注意你媽的感受，真的很頭痛哦。」

腦中浮現電話那頭喜美子阿姨苦笑的表情。

「您不用擔心，這件事我不會跟她說，就照以往的方式安撫一下就行了。」

「不好意思欸。」

「不會不會，讓您掛心我才不好意思。」

這件事發生的一星期後，老媽大發雷霆地點名附近的一個鄰居說：

「那個人，明明看到我竟然不打招呼，真的是太沒禮貌了。」

「戴著眼鏡和口罩，就算是很熟的人也認不出來，可能是沒注意到你吧。」

我用新冠疫情的常見現象作為解釋，但是她額頭暴青筋道：

「她都看見我的臉了，還裝作沒看見。」

我試著安撫：「剛才不是說了嗎，有可能她沒注意到。而且，老媽耳背聽不清楚，也許她打了招呼，但你沒聽見。」

「我是在說那個人沒禮貌，憑什麼我要被你罵！」

簡直就像個撒潑耍賴的小小孩。

到了這種無理取鬧的地步，再說什麼也是白搭。

「我不是罵你，而是說也有可能她沒發現你嘛。」

我再三提醒後出了門，沒想到她竟然跑到那個人家裡去大鬧。這下子我也投降了。

「最近好像有點失智的症狀，真是對不起。」

大哥立刻到鄰居家解釋了緣由才平息了事端。但說到最近老媽的言行，已經遠遠超過爭強好勝的範疇了。

幾天後，到每月定期回診的醫院時，我悄悄告訴醫生老媽近來的「老番顛」

狀態。

「這種被害妄想，是失智症的症狀之一。」

果如預期的回答。

「如果今後更嚴重的話，也許必須換藥了。」

不過，還是暫時觀察看看。

只不過……她比從前越來越不講理，以前對準我和大哥的矛頭，現在轉向了老爸。

「女兒要幫我換睡衣，你去幫我拿新的來。」

我要幫老爸換睡衣時，他依慣例要老媽幫忙。

但是，不知道哪裡惹火了她。

「我才不管，要拿你自己拿！」

丟下這句話，逕自到客廳去了。

老爸坐在餐桌上呆呆地說：

「好像該吃飯了。可是肚子又不餓，不知道該吃什麼好。」

老媽一聽，大聲喝道：「連想吃什麼都不知道，人就完蛋啦！」然後開始慢慢收拾餐桌上的菜。

老爸許久難得洗個澡，心滿意足地說：「哦，舒服多了！」幫老爸擦背的老媽卻像個壞心眼的小孩說：

「簡直是骷髏。瘦成這副德性，虧你還能活著。」

她越來越常若無其事地說出這些難以置信的話來。

我不知道是什麼心理作祟，她對老爸的鄙夷攻擊日益激烈，這種態度已經夠煩人了，她還會說：

「特地幫你×××，居然沒有人感謝我！」

到底是多想要別人感謝啊！

老媽施恩的態度也是與日俱增。

也許老媽並未意識到，從幼年開始一直過著不曾滿足的生活嗎？會不會是渴望別人的愛？還是一直懷著難以抹滅的自卑感呢……我經常會萌生這些想法，但是真相當然不得而知。

黃金週結束的晴朗週日，老媽大概又在蠢蠢欲動，想要外出吧。

她嘮叨地纏著我說：

「你只知道自己出去吃飯，都不帶我去。」

她只要一「盧」起來就跟小孩子一樣。那好，我就帶她去一家古宅餐廳，表姊長子在那裡當主廚……但是清淡的小菜一上桌，她就宣稱：「味道太淡。」剛炸好的圓茄端上來，她又大嚷：「太燙了，吃不下去！」讓場面大為尷尬。

對這個說話不懂分寸的老媽，只能把脾氣按捺著，繼續吃飯。

但飯才吃沒幾口，突然間，我聽見有個嘴唇皺巴巴的老太婆聲音，她拔高聲調地說：

「啊，假牙掉了。」

嗄……

我停下筷子，隨著老媽的視線往前看。噗的掉在桌上的不正是老媽的假牙嗎？

還好我們有先訂了這個包廂，沒人看到，但是——

我真的快受不了啦！

我像孟克的作品〈吶喊〉一樣扭曲著臉，仰天大叫。

老媽真是我的反面導師。

我在心中發誓，再也不帶老媽出去吃飯了。而遺傳老媽DNA的我，不禁越發地憂慮自己老後會變成什麼樣子。

照護老人筋疲力盡……

子女、孫輩、配偶因為照護問題，筋疲力盡，最後動手施暴的悲慘事件層出不窮。並不是照護者或是被照護者哪一方有錯，但是，沒有實際體驗過的人，絕對無法了解照護的辛苦。

不僅如此，「家裡的事家人自己解決」、「家人照顧理所應當」等傳統的價值觀甚至壓迫著照護者，讓他們無路可走。

在人稱照護殺人的痛心事件中，二〇一九年十月，當時二十二歲的女生（孫女）在神戶市家中照顧九十歲的祖母時，用毛巾捂住她的嘴令其窒息死亡，被以殺人罪起訴。令人印象深刻的是，由於這起事件背景複雜，大家都想問，難道不能防患於未然嗎？

過世的祖母儘管有三名子女（凶嫌的伯父、父親和姑姑），但是照護的工作幾乎完全由孫女一力承擔。

女子年幼時父母離異（母親在女子小學一年級時去世），女子被送進孤兒院，後來是祖父母將她領養回家照顧。祖母拉拔大的女子到短期大學就讀，畢業後開始在幼稚園當老師。但同一時間，祖母被診斷出阿茲海默型失智，需要長期照護。

「是奶奶幫你出的學費，應該你去照護。」

親戚們的一句話，便將照顧祖母的擔子丟給了這個女子。

二十二歲，在幼稚園的工作時日尚淺，一面從事不熟悉的工作，一面又因為祖母會四處遊走，必須二十四小時隨時緊盯，所以可以想見這對這位女子在精神上、體力上是多大的負擔。

進而，在本書撰寫的二〇二二年八月十三日，另一則痛心的新聞躍入眼簾。一名從數年前就單獨照顧高齡父母的五十五歲男子，在兵庫縣JR姬路站的北站前廣場企圖自焚。

被急救送醫時，男子說：「我不想活了……是我自己點的火。」住在縣外的姊姊則說：「他疲於照護工作。」

照護高齡者就是人與人赤裸地相互碰撞，如果獨自承受，不論是誰早晚都會身心崩潰。

「你有繳稅也有繳長照保險費，所以不妨接受第三者的服務。」

「第一，先和專家商談。」

「沒有必要為了照護勉強自己。」

如果有人給他們這樣的建議，也許結果就會不一樣。

兩個案子都是悲慘、傷心的事件。

新冠肺炎的感染增加率開始減緩之後，姨丈入住的安養院開放了三十分鐘會面時間。

「下個星期五三點半，可以去探望姨丈，您先準備三、四套春季的換洗衣物吧。」

會面日的一星期前，我通知了姨媽，前一天去電確認時，姨媽準備了內衣褲和運動衫。她要我看看說：

「帶去的衣服，這些可以嗎？」

只是……內衣褲和睡衣都軟趴趴變形了，運動衫的領口也沾著汗漬泛黃。就算是只在安養院裡穿，還是帶些更整潔的衣服去比較好吧。

我急忙飛車到購物中心，衣褲各買了四套，換掉姨媽準備的衣物。

然後第二天，終於，相隔半年的夫妻感動相會要來了！結果——沒有任何感動的場面……

「午飯有吃嗎？今天吃了什麼？」

「洗澡呢……一星期洗幾次？」

姨媽一連串問了很多事，但是姨丈嘛，呵欠連連。可能到了平時午睡時間吧。

看到姨丈這樣，姨媽相當失望。

這時員工來催促：「差不多該結束了哦。」

「姨丈，那我們下次再來。」

「貞吉，我回去了。」

我和姨媽站起身時，姨丈只說：「哦，多保重。」然後就大口吃起我們帶去的仙貝。

「我還以為他會送我們到門口，哪知道盡顧吃著仙貝，好像把我們都忘了。」

依依不捨地離開安養院時，姨媽寂寥地說。

其實，探訪過程中我一直膽顫心驚，害怕姨丈會說：「我也要一起回去」、「你們來接我嗎？」還好只是杞人憂天。

入住時，院方本來提出每月三十萬圓，後來利用公有照護保險，得以降到二十萬圓以內，與姨丈的公有年金差額約十五萬圓。用姨丈預存的養老資金，總算能支應得過去。

姨媽嘴上雖然說「一個人很孤獨」，但是也許已經習慣獨居生活，現在按著自己的步調上日照中心過日子。

想起姨丈失禁時姨媽失聲大叫的情景，考慮到姨丈越來越嚴重的失智症狀，這個方法還是最好的解決之道吧，真的沒有必要硬是堅持在家裡過世的想法。

看到完全適應的姨丈柔和的表情，我再次確定了這個念頭，也隱隱鬆了一口氣。

做過照護的人喪禮上哭不出來

「什麼時候我才能從那個好勝的老媽身邊解脫呢？」

去咖啡館喘息時，我向老同學如此抱怨，她深有所感地說：

「我太了解這種感覺了。我婆婆去年年底過世了，但是直到嚥氣她都沒有向我說聲感謝，她就是個這麼倔強的人。」

「我媽從來不說謝謝或對不起，強硬到令人咋舌。你婆婆也是這樣嗎？」

「對呀。我結婚之後，從來沒有聽她說過一句謝謝。」

「真苛刻的人啊。」

我喃喃地說著，把視線轉向窗外。

「婆婆過世前的兩個月吧。照護者向我吐苦水。她說：『我受不了了。』又說：『做過照護的人，在喪禮上哭不出來。對吧？』她說得沒錯。周圍的人可能覺得我這媳婦很無情，可是該做的我都做了，如釋重負的感受遠遠大於悲傷啊。」

「真的是鬆了一口氣。」

我用力地點頭。

「我小姑嫁到關西，住得遠我們也不敢要求什麼，但是她一年只回來一次，自從婆婆臥床之後，她就完全不管了。可是喪禮上卻趴在棺材上聲嘶力竭地哭喊媽媽。看到那個樣子，我很想對小姑說：『我幫婆婆換紙尿褲，她連聲謝謝都不說，但我還是默默地每天照顧她。你能了解我的心情嗎？』」

她的心情我感同身受。

「我們很想送她進安養院，她就故意找碴說：『我有家，為什麼非得住進那種地方』或是『我辛辛苦苦把兒子養大，結果兒子媳婦都要拋棄我。』她的身體不能動，但是直到臨走前，嘴巴還是不饒人。」

「那真的是哭不出來呢。」

「是不是？」

最後我們相視而笑。

我會有什麼感受呢？……思緒飛馳到老父母和姨父母辭世的那一天。

也許跟她一樣，會覺得如釋重負吧。不只哦，我可能會大喊三聲萬歲，終於把他們送走了！

如同前面說過，在與老父母同住之前，我以為把屎把尿和幫忙洗澡是最辛苦的事。

但是實際上，最讓我火大的是溝通上對牛彈琴、雞同鴨講，隨時都想把人踩在腳下的老媽，她的存在形成了莫大的壓力。

回想起來，以前在公司任職時，工作本身或是忙碌都不曾讓我感到壓力，反倒是與難纏人物往來，才是壓力的源頭。

以前讀過一本書也這麼寫：

「讓人類大腦最疲倦的是人際關係。」

那些年輕的未成年照顧者[4]就另當別論，但是對我這個有過多年社會經驗，累積相當歷練的我來說，某種程度的忙碌或是排泄照護等生理上的作業，只要程序安排得當，也都還在容許範圍。但是，不論再怎麼努力，都很難接受隨時用戰鬥模式對待我的老媽。

如果這種狀況長久持續下去，生氣會被厭惡感取代。也許最後會懷著憎恨的情緒送老媽走。

平日接觸多位高齡者，一起分享了許多酸甜苦樂的照護員卻說：「其實，做過照護的人，在喪禮上哭不出來。」照護高齡者就是會承受這麼大的負擔。當你站在這樣的立場下，真的能樂意地接下這個任務嗎？

「其實，做過照護的人，在喪禮上哭不出來。」只有深深體會到照護工作的辛苦，才能說出這句話來。因為那是一份只靠漂亮話或親情絕對無法克服的工作。

在撰寫本書期間，我國高中死黨的母親也以九十三歲高壽過世。失智症發作後，在安養院住了七年，平日就從她口中聽說安養院的費用、兒女去探望時，她已因為失智而認不出來的狀況，所以接到訃聞時，我最先想到的就是「如釋重負了吧」。

原本應該向她致意「請節哀順變」，但是由於我們分享過太多對老父母複雜煩惱的情緒，所以這些話顯得見外，甚至有些矯情。

4 young carers，未成年卻負起照顧他人職責的青少年。

考慮得越久，越是覺得只有「鬆了一口氣吧。辛苦你了」這句話最適當。

活到九十多，壽終正寢，算是喜喪了。

「伯母也終於輕鬆了。辛苦你了。」

我傳簡訊給她時，她立刻回信：

「是的，我想她真的是福壽雙全了。」

不論科學如何發達，唯獨生老病死無法天遂人願。

老爸也常說：

「我已經活膩了。活著也了無生趣啊。」

「既沒有想見的人、也沒有想做的事啦。」

「今天腦袋昏沉沉的，到底是剛醒還是剛睡都分不清啦。」

即使他喃喃自語、即使幫他清理下身、協助洗澡，但是看著極端任性卻又頑強活著的老爸，深深體會到只有人類，即使活得不如人意，還是會苟活到最後一刻，也因此人才特別難纏吧。

我們將如何終老？

陪著老父母和姨父母漸漸走向人生終點的日子，既是親眼目睹不論是誰都無法避開老化，也是我與他們走向死亡過程周旋的日子。

如果問我，這段期間會懷抱希望嗎？我只能回答，現實一點都不甜美。

雖然並沒有臥床不起，但是照顧開始出現失智症狀的老年人，壓力和疲勞的累積比我所認知的更多。

如同前面多次提過，由於我是返鄉回到出生長大的土地定居，所以有許多住在當地的舊同學，他們也與我同樣，都有著高齡父母要照顧。

從哪個人如何籌措支付入住安養設施的費用等如同親歷的故事，到沒有經歷照護絕對說不出口的瑣碎細節，與他們聊過之後，心情緩和了不少。

在東京上班時代養成的慢跑習慣，也是調整心情時不可或缺的日常活動。獨自默默跑在沿海路上整理心情，卸掉身體累積的焦躁和憤怒，不論炎熱的夏日，還是寒風凜冽的冬日，流汗淋浴之後，大部分的氣惱也都能化為無形。

有些人會說：

「老人有老人的堅持和想法，要用開闊的心胸守護他。」

「任何人有一天都會變成那樣，應該盡量包容他們。」

即使有人義正詞嚴地勸戒那種測試人性的話，但是並不能解決照護的問題，所以大家才會苦思對策。而且，其中夾雜的金錢問題，很有可能威脅到自己的生活或老後的積蓄，所以不可能用開闊的心胸去面對。

每個人身處的狀況、想法和經濟條件都不一樣，但是，只有不流於感情束縛，盡量使用長照保險和福利優惠等的服務、該切割的事就爽快切割，把它當作自己年老時的預備練習，用這種心情去面對，才能克服看不見終點的照護任務。

為了照顧老父母和姨父母，就不能去我熱愛的旅行——如果像這樣犧牲自我的時間或人生，心裡不斷沉積負面情緒，很可能有一天會大爆炸：「我受夠了。再也做不下去！」

所以，不論是調整心情的旅行，還是去美術館或看戲，我都會毫不猶豫踏出家門。

即使開始照顧工作，也絕不被他們拖累，不放棄任何事，繼續過著自己的生活。一面借助長照專員的智慧、善用照護中心的服務，一面用稍微清醒的眼光旁觀他們，用自己的方式度過這些頭痛麻煩的日子；而且未來，我也會這麼過下去——一面屈指數算著從他們身邊解放的日子還剩多少……

「好一陣子沒見了，有點掛心呀。」

推測年齡八十三歲的老爺爺叫住了我。

我不知道這位老爺爺住在哪裡，也不知道他姓甚名誰，但自從我返鄉定居之後，一直維持著慢跑中擦身而過時互相擊掌的關係。

遠遠看到他戴著美國洋基隊球帽、大大揮手健走的身影，連我的精神也神奇地振奮起來。然後老爺爺的身影越來越大，見我舉臂揮動，他也開心地揮手回應。

「早啊～」

「哦。早、早。」

那段時間，因為老父母和姨父母的事務重疊，慢跑的起跑時間變得不規律，有一陣子沒能見到那位老爺爺，但沒想到他會為我掛心。

人家說擦身而過都是修來的緣分，真是沒錯。

也許，他在家裡也像我老爸一樣，既急躁又任性；或者像我老媽一樣說話刻薄，惹惱全家……

幾乎每天，都會在固定時間看到他獨自伸直腰桿健走，或是在護欄做伸展操的身影，於是我也立刻打開開關：「好哦，那我也要加油了！」

揮揮衣袖，不帶走一片雲彩。

我希望能懷著這種氣概終老，可是，我當然無法知道自己以後會變成什麼樣的老人，也許會成為討人厭的老太太，也許會給身邊的人增添很多麻煩。

據說，高齡長者五人中就有一人會罹患失智症。我認為平日多留心預防，一出現異狀就自己主動治療，請醫生開適當的藥方等等，希望盡可能做好各種準備。

在人生百年的時代，無病無痛、死得快活的理想去世方法，只有一部分人能遇到——不對，可能只有一小撮人吧。

當我無法自理生活的時候，究竟該怎麼辦呢？

如今，我們正以驚人的速度，步向少子高齡化的社會。

我想不論是誰，都必須真誠地面對這個大課題吧——我們將如何終老？

尾聲

一九七〇年，日本男性的平均壽命是六十九歲，女性是七十四歲，所以，這五十年來平均壽命的延長著實令人驚嘆。

平均壽命的延長對我們來說，是幸還是不幸呢？

最近我經常在想這個問題。

從三十歲起的三十年，和從六十歲起的三十年，雖然同樣三十年，但是看到的風景、思考的方式，甚至聽得見的聲音，一切都完全不同了吧……這些如果不是親身體驗，不可能了解。

過去從來沒有這麼長壽的世代，所以各項政策、社會保障等架構，趕不上高齡人口的增加實屬不得已。但是所有嬰兒潮世代都將邁入七十五歲以上的二〇二五年，已近在眼前，我們身處在亟待改善的狀況，卻是不爭的事實。

話說回來，人類這種生物真的是為了活這麼長壽而演化出來的嗎？

我思索著這個問題，一面下樓準備做晚飯時，卻聽到老爸驚恐的聲音從客廳傳來。

「咦，你怎麼啦？摔跤了啊……」

一聽到「摔跤」，我立刻奔到客廳，只見老媽從坐墊上像貓熊一般（與貓熊的可愛相去甚遠）翻倒在地。

平時任何事都十足浮誇的老媽並沒有大喊大叫，看來不怎麼嚴重。

「老太婆摔跤了、老太婆摔跤了！」

老媽一臉吃癟地揉著膝蓋，老爸站在一旁幸災樂禍地喊著，似乎在報復平時被騎在頭上的窩囊。

「怎麼，摔跤了？痛嗎？」

為了保險起見趨前一問，好勝的老媽立刻說：「不痛。」

儘管如此，她還是捲起褲管，拿起鎮痛噴劑噴著說：「今天我不洗澡了。」

不過她可是老媽，明天早上十之八九會說：

「還是很痛，帶我去醫院。」

我長長地嘆了一口氣，離開他們身邊，一如往常地開始準備做晚飯。

如果這是小說的話，也許會有驚奇的結尾，也許會以感動的場面告終——但是，現實並非如此。

老父母加上姨丈和姨媽，天天忙得七葷八素的日子，現在依舊沒有任何解方地持續中。

錢先花光，還是命先沒了？

長照 4 個 90 歲老人的我，將如何面對老後生活？

國家圖書館出版品預行編目 (CIP) 資料

錢先花光，還是命先沒了？——長照 4 個 90 歲老人的我，將如何面對老後生活？/ 小梶沙羅こかじ さら著；陳嫺若 譯 .-- 初版 . -- 臺北市：遠流出版事業股份有限公司 , 2024.06
面； 公分

譯自：寿命が尽きるか、金が尽きるか、それが問題だ

ISBN 978-626-361-711-7(平裝)

1.CST: 老人養護 2.CST: 長期照護 3.CST: 通俗作品

544.85　　113006502

作者——小梶沙羅
譯者——陳嫺若
副總編輯——簡伊玲
特約主編——金文蕙
封面繪者——中島梨絵
美術設計——王瓊瑤
校對——金文蕙
特約企劃——林芳如

發行人——王榮文
出版發行——遠流出版事業股份有限公司
地址——104005 台北市中山北路一段 11 號 13 樓
客服電話——（02）2571-0297
傳真——（02）2571-0197
郵撥——0189456-1
著作權顧問——蕭雄淋律師
ISBN ——978-626-361-711-7

2024 年 6 月 1 日 初版一刷
2024 年 8 月 12 日 初版五刷
定價——新台幣 380 元
（缺頁或破損的書，請寄回更換）

遠流博識網 http://www.ylib.com
E-mail: ylib@ylib.com
遠流粉絲團 https://www.facebook.com/ylibfans
